Schwengeler
Leben mit der Bibel

Benedikt Peters
Bruno Schwengeler

100 Fragen zur Bibel

Band 3

ISBN-Nr. 3-85666-363-0

Buch Nr. 363
© 1994 Schwengeler-Verlag, CH-9442 Berneck
2. Auflage 1996
Umschlag und Gesamtherstellung:
Cicero-Studio am Rosenberg, Berneck/Schweiz

Inhaltsüberblick

1. Ist ein Unterschied zwischen «berufen» und «auserwählt»? ... 9
2. Schliesst die Erlösung auch Heilung von Krankheiten ein? ... 10
3. Warum strafte Gott den schuldlosen Pharao? ... 11
4. Wie kann ich eine Seele vom Tod erretten? ... 13
5. Erweckung in unseren Tagen? ... 15
6. Wohin kommen Menschen, die Selbstmord begangen haben? ... 17
7. Kann Satan unsere Gedanken lesen? ... 18
8. Wo ist die «Feste» geblieben? ... 19
9. Noch einmal: Wer sind die «Berufenen», wer die «Auserwählten»? ... 21
10. Widerspruch zwischen Jesaja 42,2 und 50,2? ... 23
11. Was geschieht mit den Menschen, die nichts von Jesus gehört haben? ... 24
12. Wer sind die «Grossen» und «Gewaltigen» in Jesaja 53,12? ... 27
13. Warum müssen «die Dinge im Himmel» versöhnt werden? ... 29
14. Darf man im Dienste des Guten lügen? ... 30
15. Wie durchs Feuer gerettet ... 32
16. Billigt die Bibel Tierquälerei? ... 34
17. Hatte Jesus leibliche Geschwister? ... 36
18. Benutzte Mose vor ihm verfasste Berichte der Urgeschichte? ... 38
19. Warum wird Jesus immer mit langen Haaren abgebildet? ... 40
20. Was bedeutet das biblische Bilderverbot? ... 41
21. Wie lässt sich Johannes 1,40 mit Matthäus 4,18 vereinbaren? ... 43
22. Wie konnte es Jona drei Tage im Bauch des Fisches aushalten? ... 45
23. Wer ist der Engel mit dem Siegel? ... 47
24. Unvollständige Christen? ... 49
25. Warum gab Gott dem David viele Frauen? ... 52
26. Wurde David von Gott oder von Satan zur Sünde gereizt? ... 54

27. Gab es den Tod schon vor dem Sündenfall? 56
28. War Melchisedek ein gewöhnlicher Mensch? 57
29. Was bedeutet «der Erstgeborene der Toten»? 59
30. «Das Reich Gottes ist mitten unter euch» 61
31. «Bewahren vor der Stunde der Versuchung» 62
32. Sind alle Araber Nachkommen Ismaels? 63
33. Was bedeutet «El Schaddai»? 64
34. Widerspruch zwischen Johannes 5,22 und 12,47? 66
35. Warum spricht Jesus Christus kaum von Erlösung
    aus Gnade? 67
36. Wie kann der Bruder, für den Christus gestorben ist,
    ins Verderben kommen? 69
37. Erhalten alle Menschen einen Auferstehungsleib? 70
38. Woher stammt die Weissagung Henochs im Judasbrief? 71
39. Welche Bedeutung hat das Handauflegen? 72
40. Warum müssen unschuldige Kinder sterben? 74
41. Taufte Jesus, oder taufte er nicht? 76
42. Hatte Isai sieben oder acht Söhne? 77
43. Die Schandtat von Gibea 78
44. Wer sind die Gefangenen in Epheser 4,8? 80
45. Wie endete Judas Ischariot? 81
46. Sabbat und Endzeit 82
47. Warum beten wir zum Herrn Jesus? 83
48. Was bedeutet: «Wer da hat, dem wird gegeben werden»? 84
49. Wie alt ist die Erde? 85
50. Wird der Antichrist ein Jude sein? 87
51. Noch einmal: Wird der Antichrist ein Jude sein? 89
52. Waren unter den Aposteln auch Frauen? 91
53. Gibt es im Himmel auch Lügner? 93
54. Ist der Glaube eine Geistesgabe? 94
55. Was bedeutet «Jesus Christus ist der Erstgeborene aller
    Schöpfung»? 96
56. Widerspruch zwischen Markus 16,8 und Matthäus 28,8? 98
57. Widerspruch zwischen Matthäus 19,17 und Lukas 23,50? 99
58. Werden nur die gläubig, die dazu bestimmt sind? 101
59. HERR oder Jahwe? 102
60. Widerspruch zwischen 1. Timotheus 2,4 und
    Matthäus 13? 103

61. Auf welche Zeit beziehen sich die letzten Kapitel Hesekiels? 105
62. Warum wird das Reich Gottes mit Sauerteig verglichen? 106
63. Widerlegt Markus 1,2+3 die Verbalinspiration? 108
64. Wie sind die Unterschiede in den Apostelverzeichnissen zu erklären? 109
65. Gab Gott Bileam widersprüchliche Weisungen? 110
66. Liebt Gott alle Menschen gleich? 112
67. Sollten wir Nichtchristen nicht grüssen? 114
68. Können nicht alle Menschen glauben? 115
69. Sind die Palästinenser die biblischen Philister? 117
70. War der Barmherzige Samariter gar kein Samariter? 119
71. Zeichen an der Hand und an der Stirn 121
72. Warum mussten Nadab und Abihu sterben? 123
73. Warum musste Ussa sterben? 125
74. Werden alle und alles mit Gott versöhnt werden? 126
75. Was bedeutet es, dass «ganz Israel gerettet» wird? 128
76. Um welches Gericht geht es in Matthäus 11,20–24? 129
77. Aus welcher «Gefangenschaft» befreit Gott? 130
78. Wird der Baum des Lebens alle Völker heilen? 131
79. Werden alle Menschen gerettet, weil Jesus Christus gestorben ist? 132
80. Ist der Name Jesus auch der Name des Vaters? 133
81. Wer sind die Wundertäter von Matthäus 7,22? 135
82. Widerspruch zwischen Jesaja und Offenbarung? 136
83. Sind die zehn Jungfrauen alle Christen? 138
84. Was ist mit dem «Himmel» in 1. Mose 1,8 gemeint? 140
85. Warum ist der Gott des AT ein Gott der Rache? 141
86. Was bedeutet das «Wenden der Gefangenschaft» in Hesekiel 16,53? 143
87. Wäre es ohne die Sonne am Tag auch hell? 145
88. Verzögerter Geistesempfang? 146
89. Hat nur, wer in Zungen redet, die Geistestaufe empfangen? .. 148
90. Ist Gott der Urheber auch des Bösen? 149
91. Hunger in der Welt und Gottes Fürsorge 151
92. Was ist es, das das Offenbarwerden des Bösen «zurückhält»? 152
93. Redeverbot für Frauen? 154

94. Kopfbedeckung?	157
95. Haareschneiden verboten?	168
96. Kosmetik	169
97. Wer waren die anderen Menschen?	170
98. Vorherbestimmung?	171
99. Segnet Gott Betrug?	173
100. Liebe Gottes?	174
Verzeichnis der Bibelstellen	176

Hinweis des Verlages

Die Fragen 1–92 wurden in der Zeitschrift «ethos» von Benedikt Peters behandelt und sind nun im vorliegenden Band 3, «100 Fragen zur Bibel», zusammengefasst.
Die Beantwortung der Fragen 93–100 besorgte Bruno Schwengeler.

1. Ist ein Unterschied zwischen «berufen» und «auserwählt»?

In Matthäus 20,16 und 22,14 heisst es: «Viele sind berufen, aber wenige sind auserwählt.» Sind die Berufenen und Auserwählten beides Wiedergeborene, aber nur die Auserwählten gehören zur Braut des Lammes? Besteht ein Unterschied zwischen den Berufenen und Auserwählten? (Man vergleiche auch Offenbarung 17,14).

Ein Unterschied muss natürlich zwischen den Berufenen und Auserwählten bestehen, weil sonst der aus Matthäus 20,16 und 22,14 zitierte Satz keinen Sinn hätte. Hier sagt ja der Herr, dass im Gegensatz zu den vielen Berufenen nur wenige Auserwählte seien.

Wer sind die Berufenen? Wer die Auserwählten? Erstere sind nicht gerettet und damit nicht wiedergeboren, Letztere sind gerettet und damit wiedergeboren. Auf keinen Fall können beides Wiedergeborene sein. Das ist aus folgenden zwei Gründen ausgeschlossen:

Zunächst die allgemeine biblische Wahrheit: Alle Wiedergeborenen bilden zusammen das neutestamentliche Volk Gottes (1. Petrus 2,10), das Haus Gottes (Epheser 2,22), den Leib Christi (Epheser 1,23), die Braut Christi. Es sind dies alles verschiedene Bezeichnungen, verschiedene Bilder der gesamten christlichen Gemeinde. Es ist nun ganz ausgeschlossen, dass einige Wiedergeborenen nicht zum Volk oder Haus Gottes oder zum Leib oder zur Braut gehörten.

Zweitens der Zusammenhang: Der Herr spricht in Matthäus Kapitel 20 von Menschen, die sich an der Gnade Gottes stossen, und wer das tut, kann nicht gerettet werden. Diese sind die vielen «Berufenen», die sich von den wenigen «Auserwählten» unterscheiden. In Kapitel 22 spricht der Herr von solchen, die nicht am Hochzeitsfest des Königssohnes teilnehmen dürfen, sondern in die äussere Finsternis, das ist in die ewige Verdammnis, geworfen werden. Daher können auch hier die «Erwählten» nichts anderes als die Erretteten, und die «Berufenen» nur die Verlorenen sein.

2. Schliesst die Erlösung auch Heilung von Krankheiten ein?

Durch eine charismatische Gruppe wurde ich mit der These konfrontiert, dass wir mit dem Kreuzestod Jesu
   a) Vergebung der Sünden haben durch sein Blut,
   b) Heilung jeglicher Krankheit durch das Opfer seines Leibes erhalten haben.

Dass wir durch den Opfertod Jesu Christi die Erlösung unserer Sünden haben, lehrt das Neue Testament in nicht mehr zu überbietender Deutlichkeit (Römer 3,24+25; Epheser 1,7; 1. Petrus 1,18+19; Offenbarung 1,5). Mit der Heilung von Krankheiten sieht es freilich anders aus. Es ist sicher so, dass es Krankheit nur gibt, weil die Sünde in die Welt gekommen ist. Und mit der vollbrachten Sühne durch den Opfertod Jesu Christi ist die Grundlage gelegt, dass einst alle Krankheit aus der Schöpfung verbannt sein wird (Offenbarung 21,4). *Das ist aber zukünftig.* Die Erlösung des Leibes ist noch nicht geschehen. Das sagt Paulus ganz deutlich in Römer 8,20–24.

Wenden wir das auf den Tod an, wird es noch deutlicher. In seinem Kreuzestod hat Jesus Christus den «zunichte gemacht, der die Macht des Todes hat, das ist den Teufel» (Hebräer 2,14). Obwohl die Grundlage für die vollständige Beseitigung des Todes (1. Korinther 15,26+54+55) gelegt ist, müssen wir noch sterben. Wir werden erst nach der Leibeserlösung unsterbliche Leiber haben (Philipper 3,20+21). Bis dann seufzt die ganze Schöpfung, und seufzen auch wir selbst, obwohl der Heilige Geist bereits in uns wohnt, obwohl mit der Wiedergeburt die neue Schöpfung bereits in uns hineingelegt worden ist und wir deshalb «eine gewisse Erstlingsfrucht seiner Geschöpfe» sind (Jakobus 1,18).

Weil der Leib noch nicht erlöst ist, hatten auch ein Paulus (2. Korinther 12,7; Galater 4, 13+14) und ein Timotheus (1. Timotheus 5,23) körperliche Gebrechen, hiess Lukas auch als Christ «der geliebte Arzt» (Kolosser 4,14) und nicht etwa «der geliebte Gesundbeter», mussten Mitarbeiter des Paulus auf Dienstreisen krank zurückgelassen werden (2. Timotheus 4,20).

3. Warum strafte Gott den schuldlosen Pharao?

In 1. Mose 12,10–20 lesen wir von Abrams Aufenthalt in Ägypten. Dabei wurde der Pharao bestraft. Es hatten aber Abram und Sarai ihn angelogen, und sie hätten doch die Strafe verdient. Warum wurden nicht sie bestraft?

Um diese Frage zu beantworten, müssen wir etwas weiter ausholen. Es stimmt, dass Abram log, als er Sarai als seine Schwester ausgab. Sie war zwar seine Halbschwester (siehe 20,12), so dass es nicht schon notwendigerweise eine Lüge war, sie entsprechend zu bezeichnen. Er wollte aber die Tatsache, dass sie seine Frau war, vertuschen, und dieses Verhalten war verlogen. Es entsprang der Angst Abrams vor den Ägyptern, und diese Angst wiederum hatte ihre Wurzel in seinem Unglauben. Denn Unglaube war es gewesen, der ihn veranlasst hatte, das Land der Verheissung zu verlassen. Hungersnot hin oder her, der Gott, der alles erschaffen und der ihm das Land gegeben hatte, wäre wohl in der Lage gewesen, Abram im Lande zu ernähren. Hatte er ihm das Land nicht verheissen, und hatte er ihn nicht angewiesen, in diesem Land zu wohnen? Wie hätte er ihn dann dort dem Hungertod preisgeben können? So hätte die Logik des Glaubens gefolgert. Der Unglaube aber folgt anderen Gesetzen. Er rechnet nicht mit der zuverlässigsten und mächtigsten Person im Universum, sondern letztlich mit den eigenen Fähigkeiten und Möglichkeiten. Damit betrügt er niemand anders als sich selbst.

Der Unglaube Abrams gebiert Angst; denn nur wer glaubt, muss nicht ängstlich eilen (Jesaja 28,16). Und die Angst drängt ihn zur Lüge. Mit seiner Lüge hatte er gehofft, niemand würde ihn oder seine Frau antasten. Es geschieht aber genau das Befürchtete (vgl. Sprüche 10,24). Gott selbst sorgt dafür, dass Abram die Folgen seines Unglaubens zu spüren bekommt: Sarai wird ihm genommen (vgl. Galater 6,7).

Das war bereits eine Strafe für seine Sünde, weshalb wir nicht sagen können, nur der Pharao sei bestraft worden. Welchen Kummer muss Abram um seine geliebte Sarai ausgestanden haben. Er musste ja annehmen, sie für immer verloren zu haben.

Gott greift in gnädiger Weise ein. Es heisst, dass er den Pharao und sein Haus mit grossen Plagen schlug. Worin diese bestanden, wissen wir nicht. Auf alle Fälle führten sie dazu, dass der Pharao die Frau ihrem rechtmässigen Ehegatten zurückgab. So wurde er vor einer noch grösseren Schuld bewahrt. Gottes Schläge waren somit auch diesem zum Heil.

Aber hatte denn der Pharao überhaupt Schuld? Er muss auch gefehlt haben, ansonsten ihn Gott nicht bestraft hätte, denn Gott ist vollkommen gerecht. Es kann sein, dass er von allem Anfang an wusste, dass Sarai nicht Abrams Schwester sein konnte, sie aber dennoch nahm, weil sie schön war und er über die entsprechende Macht gebot. Denn wir lesen in Vers 18, wie Pharao Abram vorwurfsvoll fragt: «Warum hast du mir nicht gesagt, dass sie deine *Frau* ist?» Er muss es also gewusst haben. Vielleicht auch, dass Gott es ihm gesagt hatte – wie später beim Philisterkönig Abimelech in einer ähnlichen Situation (20,3) –, dass der Pharao sie aber trotzdem behalten wollte, und Gott ihn deshalb mit Plagen heimsuchte. Denn es ist auffällig, wie Gott später dem Philisterkönig die Strafe nur androht, falls dieser sich der göttlichen Weisung widersetzen sollte (20,7), er also anders als der Pharao nicht geschlagen wird.

Gott züchtigt, weil er heilig ist und Sünde nicht dulden kann, aber auch weil er uns liebt. Die Züchtigung hat gefruchtet, Abram hat die Lektion gelernt: Er kehrt im Glauben wieder in das von Gott gegebene Land zurück (13,1).

4. Wie kann ich eine Seele vom Tod erretten?

Was bedeutet in Jakobus 5,20 die Aussage: «eine Seele vom Tod erretten»?
   a) Hängt unser Seelenheil von Mitchristen ab?
   b) Kann das Heil doch verloren werden?
   c) Oder meint «Tod» gemäss dem Zusammenhang des Jakobusbriefes an dieser Stelle toter Glaube? dass also eine Seele von einem fruchtlosen Glaubensweg errettet wird?

Jakobus 5,19+20 wird oft angeführt, wenn man die Sicherheit des Glaubenden in Frage stellen will. Daher bin ich im Buch «Wo hört die Gnade Gottes auf?», das eben dieses Thema behandelt, etwas ausführlicher auf diese Stelle eingegangen. Da sich dort Antworten auf Ihre Fragen finden, zitiere ich daraus:

«Brüder wenn jemand unter euch von der Wahrheit abirrt, und es führt ihn jemand zurück, so wisse er, dass der, welcher einen Sünder von der Verirrung seines Weges zurückführt, eine Seele vom Tode erretten und eine Menge von Sünden bedecken wird.»
   Der als «Sünder» Bezeichnete kann ein «Bruder» sein, weil steht: «Brüder, wenn jemand unter euch...» Nur wird für einen Erlösten die Bezeichnung «Sünder» sonst nie gebraucht. Vielleicht ist es deshalb besser, den «Sünder» als einen noch unerlösten Menschen anzusehen, der sich zur (juden)christlichen (siehe Jakobus 1,1) Gemeinde gehalten hat und durch nicht genannte Beeinflussung von der Wahrheit abgeirrt (griechisch *planäthänai*, nicht wie in Hebräer 3,12 *apostänai*, abfallen, im Sinne von bewusstem Abtreten) ist. Er befand sich also «unter euch» (den Brüdern), gehörte aber noch nicht im Vollsinn zu ihnen (vgl. 1. Johannes 2,19). Konnte man nun einen solchen zurückführen, würde man ihn vor dem Tod, dem ewigen Untergang bewahren und eine Menge seiner Sünden zudecken (vgl. 1. Petrus 4,8), will sagen, dass seine Sünden dann anstatt vor Gott offenzuliegen, durch Christi Blut weggetan werden. Ist aber mit dem «Sünder» ein Erlöster gemeint, der sich von der Herde verirrt hat, dann wird er, wenn von der Verirrung des Weges zurückgeführt, vom Tod im Sinne von 1. Korinther 5,11, das heisst vom leiblichen Tod errettet.
   Das sind die beiden Möglichkeiten der Auslegung, die sich mit der bi-

blischen Gesamtlehre vom Heil in Christus vertragen. Widersprüche schafft die Ansicht, der «Sünder» sei ein Erlöster, der durch eine seelsorgerliche Rettungsaktion eventuell vom zweiten Tode, der ewigen Verdammnis gerettet werde. Am schwerwiegendsten wäre bei einer solchen Auslegung der Widerspruch zum Grundsatz der Errettung aus Gnade. – Soweit das Zitat.

Wohl spricht Jakobus in Kapitel 2 von einem toten Glauben. Dennoch halte ich es für unwahrscheinlich, dass er mit «Tod» einen solchen Glauben meinen sollte. Eine solche Ausdrucksweise wäre völlig einmalig im NT.

5. Erweckung in unseren Tagen?

Wo ist in der Bibel von grossen Aufbrüchen durch den Heiligen Geist die Rede? Die Frage stammt aus dem Themenkreis «Erweckung in unseren Tagen und in unserem Land».

Wenn ich die Frage richtig verstehe, geht es darum, ob die Bibel uns Anhaltspunkte dafür gebe, dass wir grosse geistliche Erweckungen vor dem Kommen Jesu Christi zu erwarten hätten.

Sehen wir uns das Zeugnis des Neuen Testaments gründlich an, kommen wir zu dem Ergebnis, dass wir mit dem Gegenteil zu rechnen haben.

Paulus nennt in 1. Korinther 13,13 als die drei christlichen Kardinaltugenden *Glauben, Hoffnung, Liebe* (siehe auch 1. Thessalonicher 1,3). Alle drei werden in der Zeit unmittelbar vor dem Kommen Christi fast inexistent sein:

Der Herr selbst stellt die rhetorische Frage: «Wird wohl der Sohn des Menschen, wenn er kommt, den Glauben finden auf der Erde?» (Lukas 18,8). Paulus bestätigt den Befund in 1. Timotheus 4,1, wo er sagt, dass in der letzten Zeit viele vom Glauben abfallen werden.

Zur Hoffnung auf die Wiederkunft Jesu Christi sagt uns der Herr im Gleichnis von den zehn Jungfrauen, dass alle einschliefen, als der Bräutigam verzog, anstatt dass sie wachten und warteten (Matthäus 25,5). Ähnliches sagt uns der Apostel Petrus: «In den letzten Tagen werden Spötter kommen, die nach ihren eigenen Lüsten wandeln und sagen: Wo ist die Verheissung seiner Ankunft? denn seitdem die Väter entschlafen sind, bleibt alles so von Anfang der Schöpfung an» (2. Petrus 3,3+4).

Von der Liebe in der letzten Zeit sagt der Sohn Gottes: «Wegen des Überhandnehmens der Gesetzlosigkeit wird die Liebe der Vielen erkalten» (Matthäus 24,12). Entsprechend urteilt Paulus über die Menschen der Endzeit, dass sie sich selbst, das Geld und ihr eigenes Vergnügen mehr lieben werden als Gott (2. Timotheus 3,2+4).

Fehlen aber Glauben, Hoffen und Lieben weitgehend, dann können wir nicht grosse allgemeine Erweckungen erwarten. Abgesehen davon, dass immer gilt, dass nur wenige den schmalen Weg des Lebens gehen wollen (Matthäus 7,13+14), spricht die Bibel für die letzte Zeit deutlich von Zunahme der religiösen Irreführung. Der Herr nennt als erstes Merkmal für das herannahende Ende nicht Erweckung, sondern *Verführung*

(Matthäus 24,4; Markus 13,5; Lukas 21,8). Er sagt, dass viele falsche Propheten auftreten werden (Matthäus 24, 24). Die vom Herrn inspirierten Apostel bestätigen in den Lehrbriefen dieses düstere Bild der allgemeinen religiösen Verführung (2. Thessalonicher 2; 2. Timotheus 3; 2. Petrus 2; Judasbrief). Zu den heute vermeldeten Erweckungen gehören fast immer auch grosse Zeichen und Wunder. Wenn die Bibel im Blick auf die letzte Zeit von Zeichen und Wundern spricht, dann immer – ausser in *einem* sehr eng gefassten Zusammenhang, der aber alles andere als Heilungen oder sonstige Wohltaten beinhaltet (Offenbarung 11,5+6) – in Verbindung mit Verführung (Matthäus 24,24; 2. Thessalonicher 2,9; Offenbarung 13,13+14 und 16,13+14).

Wir tun gut daran, uns am unfehlbaren göttlichen Massstab zu orientieren, nicht an sensationellen Meldungen, die heute so gerne herumgeboten werden. Paulus sagte seinem Mitarbeiter und Schüler Timotheus voraus, dass in der letzten Zeit «Gaukler», das sind religiöse Taschenspieler und selbsternannte Wundertäter, auftreten würden, welche «verführen und verführt werden». Gegen solche solle er sich dadurch wappnen, dass er sich um so entschiedener am geschriebenen alttestamentlichen Wort und an der Lehre der Apostel orientiere (2. Timotheus 3,13–17).

6. Wohin kommen Menschen, die Selbstmord begangen haben?

Wohin kommen Menschen, die Selbstmord begangen haben? Ich las einmal irgendwo sinngemäss: «Wer sich selbst richtet, ist gerichtet.»

Wohin ein Mensch nach seinem Tod kommt, entscheidet sich nicht an der Art seines Sterbens, sondern daran, *ob er in diesem Leben an den Sohn Gottes geglaubt hat oder nicht.* Wer an den Sohn glaubt, hat ewiges Leben (Johannes 3,36) und kommt nicht ins Gericht (Johannes 5,24). Nichts und niemand kann den Glaubenden dieses Lebens, das ihm Gott in reiner Gnade geschenkt hat, berauben (Johannes 10,27–29); denn die Gnadengaben und die Berufung Gottes sind unbereubar (Römer 11,29). Von dieser Grundwahrheit des Evangeliums müssen wir ausgehen.

Wenn sich nun ein Mensch das Leben nimmt, dann stellt sich natürlich die Frage, ob er überhaupt im genannten Sinn gläubig war, denn ein Glaubender wird kaum Selbstmord begehen. Freilich müssen wir uns hüten, darüber urteilen zu wollen, ob ein Mensch in einem solchen tragischen Fall ein Kind Gottes gewesen sei oder nicht, denn letztlich weiss das nur der betreffende Mensch selbst (Römer 8,16) und Gott.

Der Satz, der hier sinngemäss wiedergeben ist: «Wer sich selbst richtet, ist gerichtet», steht so nicht in der Bibel. Vielleicht dachte man an Johannes 3,18: «Wer an ihn glaubt, wird nicht gerichtet; wer aber nicht glaubt, ist schon gerichtet, weil er nicht geglaubt hat an den Namen des eingeborenen Sohnes Gottes.» Hier steht tatsächlich, dass man sich selbst richten kann: indem man sich weigert, an den Sohn Gottes zu glauben. Das hat aber mit Selbstmord nichts zu tun.

7. Kann Satan unsere Gedanken lesen?

Gott kann unsere Gedanken lesen, seine Augen durchlaufen die ganze Erde. Aber kann auch Satan unsere Gedanken lesen?

Nur Gott kann unsere Gedanken lesen, denn nur der Schöpfer ist allwissend. Der Satan ist aber ein Geschöpf und daher beschränkt. Wir lesen vom Herrn Jesus, dass er die Gedanken aller Menschen wusste (Johannes 2,24+25). Das war aber gerade ein Beweis dafür, dass er der Schöpfer ist (Johannes 1,1–3), dass in ihm Gott in Menschengestalt (Johannes 1,14) auf die Erde gekommen war. Wir lesen, dass der Teufel dem Menschen Gedanken *eingeben* kann (Johannes 13,2), aber das ist nicht das gleiche wie Gedanken lesen.

8. Wo ist die «Feste» geblieben?

Gibt es die in 1. Mose 1, 6–8 und 14–18 beschriebene «Feste» noch? Wenn ja, wo und wie findet man sie? Wenn nicht, was ist aus ihr geworden?

Das Wort «Feste» hat sich mit der Bibelübersetzung Luthers eingebürgert, dieses wiederum war ein Spiegelbild der lateinischen Übersetzung des Alten Testaments – die im übrigen nicht immer sehr exakt ist –, der sogenannten «Vulgata», in der sich das Wort *firmamentum* findet, und das bedeutet zu deutsch «das Befestigte». Wörter sind Träger von Inhalten, von Sinn. Wenn nun ein hebräisches Wort falsch übersetzt wird, dann trägt es für den deutschen Leser einen falschen Sinn. Wir verstehen unter «fest» und «Feste» etwas Solides und denken zunächst an etwas Materielles und haben durch die unglückliche Übersetzung eine falsche Vorstellung im Kopf. Die hebräische Bibel weiss nichts von den heidnischen Vorstellungen einer Himmelskuppel, an der Sonne, Mond und Sterne befestigt seien, wie man aufgrund der Lutherschen Übersetzung meinen könnte. Wir finden im Urtext für «Feste» das Wort *raqia'*. Das ist vom Zeitwort *raqa'*, «dehnen» abgeleitet und bedeutet wörtlich «Gedehntes». Einige deutsche Übersetzungen berücksichtigen das. So lesen wir in 1. Mose 1,6 in der alten Elberfelder Übersetzung: «Gott sprach: Es werde eine *Ausdehnung* inmitten der Wasser.» In der italienischen Bibel steht *distesa*, was das gleiche ist. Leider hat die revidierte Elberfelder Bibel eine vollständig unhaltbare Erklärung zu ihrer missratenen Wiedergabe von *raqia'* («Wölbung») in der Fussnote angefügt, als ob die Bibel solch phantastischen Unsinn enthalte, dass die Erde wie eine Platte sei, über die sich der Himmel wie eine Käseglocke wölbe. Damit wird suggeriert, der Schöpfer selbst wisse nicht, wie seine Schöpfung aussieht.

Was ist nun die «Ausdehnung» der Sache nach? Sie ist die Atmosphäre, welche die Erde umgibt, das Lebenselement von Pflanzen, Tieren und Menschen. Vor der Sintflut umhüllte eine gewaltige Schicht von Wasserdampf die Atmosphäre (griech. = «Dampfkugel») und sorgte für ausgeglichene Temperaturen und regelmässige Befeuchtung des Erdbodens (1. Mose 2,6). Das war das Wasser «oberhalb der Ausdehnung». Dieser Wasserdampf regnete in der Sintflut aus, als «die Fenster des Himmels» sich auftaten (1. Mose 7,11). Seither besteht dieser Wassergürtel nicht mehr, aber die *raqia'*, die «Ausdehnung», ist immer noch unser Lebensraum, in dem wir atmen und uns bewegen.

Die Atmosphäre nennt der Schöpfungsbericht «Himmel». Wir sollten beachten, dass die Bibel diesen Ausdruck in zweifacher Weise gebraucht: für einen Teil der materiellen Schöpfung, wie wir eben gesehen haben, und für die unsichtbare, nicht materielle Welt, in der Gott lebt.

Ist es nun ein Zufall, dass Gott die Atmosphäre, die unser Element ist, gleich nennt wie das Element, in dem er zuhause ist? Sicher nicht. Der Schöpfer wollte damit schon durch die Schöpfung sagen, dass das wahre Lebenselement des Menschen sein Gott und Schöpfer ist. So wie wir die Luft zum Atmen brauchen, damit wir biologisch leben können, brauchen wir Gott, um wahrhaft zu leben.

9. Noch einmal: Wer sind die «Berufenen», wer die «Auserwählten»?

Aufgrund einiger Leserzuschriften komme ich noch einmal auf das in der ersten Frage dieses Buches nur gestreifte Problem zu sprechen. Ich hatte dort die Frage unvollständig beantwortet und damit zu Missverständnissen Anlass gegeben. Zudem war die Frage in der Überschrift so formuliert, dass man mehr erwartete, als in der Antwort folgte.

Tatsächlich wollte ich keineswegs das Thema von Berufung und Erwählung behandeln – das will ich auch jetzt nicht tun, weil das grösseren Raum beanspruchen würde –, sondern nur sagen, wen der Herr in den beiden Gleichnissen des Matthäusevangeliums meint.

In den beiden Gleichnissen von Matthäus 20 und 22 stellt der Herr einen Gegensatz dar zwischen den vielen Berufenen und den wenigen Erwählten. Darum muss er in diesem Zusammenhang von zwei verschiedenen Gruppen von Menschen sprechen. Leider versäumte ich, darauf hinzuweisen, dass der Ausdruck «Berufener» im NT auch ganz anders gebraucht wird und geradezu als Bezeichnung für den Erlösten stehen kann. Als Beispiele genügen bereits Stellen wie Römer 1,6; 8,30; 1. Korinther 1,24.

Heisst das nun, dass ein Widerspruch zwischen den Lehren des Herrn und der Apostel besteht? Ganz sicher nicht. Wenn wir den Ausdruck «berufen» etwas anders wiedergeben – und dazu gibt uns das Griechische jedes Recht – löst sich der scheinbare Widerspruch. Das zugrunde liegende Verb *kaleo* mit seinem Verbaladjektiv *klätos* hiesse dann in Matthäus 20,16 und 22,14 «gerufen». Es ist tatsächlich so: Der Ruf des Herrn ergeht an *alle* (Matthäus 11,28; Johannes 7,37). Wer den Ruf annimmt, ist ein «Erwählter», ist auch das, was Paulus einen «Berufenen» nennt, er ist also beides. Es finden sich auch in Offenbarung 17,14 beide Bezeichnungen nebeneinander für Glaubende. Obwohl im Griechischen stets das gleiche Wort steht, es im Bedeutungsumfang also weiter als das Deutsche ist, sprechen Paulus und der Herr von verschiedenen Sachverhalten. Dem sollten wir im Gebrauch der zwei verschiedenen deutschen Wörter «gerufen» und «berufen» Rechnung tragen; denn «berufen» hat nun einmal im Deutschen eine eng gefasste Bedeutung, die es in die Nähe von «erwählt» rückt.

Fassen wir zusammen: Nicht alle, die *gerufen* werden, lassen sich auch *be*rufen und gehen daher verloren; davon spricht der Herr in den beiden genannten Gleichnissen. Jene, die sich berufen lassen, sind «Berufene und Auserwählte»; davon sprechen die Apostel.

10. Widerspruch zwischen Jesaja 42,2 und 50,2?

In Jesaja 42,2 lesen wir: «Er wird nicht schreien und nicht rufen.» Als Anmerkung steht in der Elberfelder Übersetzung «erheben (seine Stimme)». In Jesaja 50,2 steht dann: «Warum... habe (ich) gerufen, und niemand antwortete?» Der Zusammenhang in beiden Kapiteln lässt erkennen, dass es beidemale Prophezeiungen auf den Herrn Jesus als den wahren Knecht Gottes sind. Erklärt sich der scheinbare Widerspruch der beiden Stellen aus Besonderheiten der hebräischen Sprache?

Es ist in der Tat so, dass verschiedene Verben im Hebräischen stehen. In Jesaja 40,2 steht *tsa'aq*, in 50,2 *qara'*. Es geht beidemale um das Kommen des Messias. Nun sagt erstere Stelle, dass er in seinem Auftreten nicht laut und aufdringlich sein werde, vielmehr werde er in Niedrigkeit, in Sanftmut (Matthäus 11,29) und in Armut (2. Korinther 8,9) kommen. Matthäus zitiert diese Stelle in einem entsprechenden Zusammenhang (Matthäus 12,14–21). *tsa'aq* ist hier das passende Verb, denn es bedeutet «schreien», also sich mit lauter, unüberhörbarer Stimme mitteilen.

Die zweite Stelle will hingegen besagen, dass die Menschen nicht auf ihn achteten, als er zu ihnen kam, nicht auf ihn hören wollten, als er sie rief. Hier geht es um die Grundtatsache des Rufens, unabhängig davon, ob es laut oder leise geschieht. Das Verb *qara'* ist ganz allgemein und bedeutet auch «lesen, vorlesen», also ganz einfach seine Stimme an jemand richten. Nehmen wir beide Stellen zusammen, ergibt sich als ganzes Bild:

Der Herr kam in unauffälliger, nicht aufdringlicher Weise, in Niedrigkeit und Schwachheit, so dass ihn nur erkannte, wer ihn erkennen *wollte*. (Bei seinem zweiten Kommen wird alles anders sein: Dann kommt er in alles überstrahlender Herrlichkeit und mit unwiderstehlicher Macht, so dass auch die ihn sehen und erkennen *müssen*, die ihn abgelehnt haben; vgl. Offenbarung 1,7.) Aber obwohl er nicht in Macht und Herrlichkeit kam, so kam er doch deutlich erkennbar genug, und er rief einen jeden, der willens war, auf ihn zu hören und zu ihm zu kommen (Matthäus 11,28; Johannes 7,37).

11. Was geschieht mit den Menschen, die nichts von Jesus gehört haben?

Was geschieht mit all den Menschen (Hindus, Buddhisten, Muslime etc.), die nie etwas von Jesus gehört haben, die also nie Gelegenheit hatten, sich für Jesus zu entscheiden. Sagt die Bibel etwas dazu?

Bei dieser Frage ist es besonders wichtig, dass wir nicht nach unserem Empfinden und Wünschen urteilen, sondern nach dem, was die Bibel sagt, damit wir Gott nicht etwas Ungereimtes zuschreiben (vgl. Hiob 1,22). Gehen wir vom Eindeutigen zum weniger Eindeutigen, von den allgemeinen Grundsätzen zu den besonderen Fällen:

Biblische Grundwahrheit ist, dass alle Menschen, ohne Ausnahme, sündig und vor Gott schuldig sind: *«Alle haben gesündigt und erreichen nicht die Herrlichkeit Gottes»* (Römer 3,23). Alle Welt ist dem Gericht Gottes verfallen (Römer 3,19). Das schliesst alle Menschen, egal welcher Rasse und welcher Religionszugehörigkeit, ein.

Der Sohn Gottes selbst sagt, dass er der Weg, die Wahrheit und das Leben ist, und dass ausser durch ihn kein Mensch zum Vater kommt (Johannes 14,6).

Gott ist vollkommen gerecht (5. Mose 32,4). Er wird keinen Menschen je ungerecht behandeln, niemanden ungerecht richten.

Gott ist unfassbare Liebe, und er will noch viel mehr als wir selbst, dass alle Menschen gerettet werden (1. Timotheus 2,4; 2. Petrus 3,9). Er hat das bewiesen, als er seinen geliebten Sohn dahingab, damit jeder, der an ihn glaubt, gerettet wird.

Wenn wir einmal bedenken, dass nicht Gott, sondern der Mensch für die Sünde und den Tod verantwortlich ist, dann begreifen wir auch, dass es nur Gnade ist, dass Gott überhaupt rettet. Er könnte uns alle ohne jede Hoffnung auf Rettung dem ewigen Tod preisgeben, und er wäre dabei völlig gerecht. Schon von daher dürfen wir nie unterstellen, Gott sei ungerecht, wenn Menschen im fernen Amazonasgebiet verlorengingen, weil sie nichts von Jesus gehört hätten.

Es ist nun durchaus nicht so, dass der Mensch um den Schöpfer und um seine Schuld vor ihm nicht wüsste. Anhand der Schöpfung kann jeder Mensch erkennen, dass Gott ist, dass er allmächtig ist, dass er ewig ist (Römer 1,19+20). Das ist zwar nicht das Evangelium, und dieses Wissen genügt nicht, um Vergebung und ewiges Leben zu empfangen, aber

– und dieses Aber kann nicht deutlich genug betont werden – dieses Grundwissen müsste den Menschen zu weiteren Fragen führen, zu weiterem Suchen nach Gott und dem Heil. Wer nun aufrichtig sucht, der findet (Matthäus 7,7), wer sich nach der Erkenntnis Gottes und seines Heils sehnt, der wird nicht enttäuscht werden (Jeremia). Wenn dieses Grundwissen um den Schöpfer, das jeder Mensch hat, ihn nicht dazu führt, den Schöpfer zu fürchten und ihm für seine Gaben zu danken, verfällt er in die tausenderlei Torheiten alten und modernen Aberglaubens (Römer 1,20+21). Es ist also kein tragischer Zufall, dass sich der Mensch falsche Religionen und verlogene Ideologien geschaffen hat.

Schauen wir einmal unseren Kulturkreis an. Wenn wir vorsichtig schätzen, dann wagen wir die Annahme, dass 1, vielleicht 2 Prozent der Menschen, die von der christlichen Botschaft wissen, tatsächlich glauben und den Sohn Gottes aufnehmen. Dabei ist das Evangelium die aufregendste Botschaft, die man sich denken kann. Gott wird Mensch, er lebt unter uns und stirbt für seine sündigen Geschöpfe, um sie vom ewigen Tod zu retten. Das ist so grossartig, dass der Mensch diese Botschaft mit unbeschreiblicher Freude und Dankbarkeit annehmen müsste. Aber wie reagiert er stattdessen? Es ist uns bekannt. Nun frage ich: Sind die Schweizer anders als die Afrikaner oder Asiaten oder Amazonas-Indianer? Sicher nicht. Auch diese nähmen – und nehmen – aufs Ganze gesehen die Botschaft mit unfassbarer Gleichgültigkeit hin. Sagt denn die Bibel nicht genau das? Der Sohn Gottes kam ja zu den Seinigen, und die Seinigen nahmen ihn nicht an. Er war in der Welt, aber die Welt wollte von ihm nichts wissen (Johannes 1,10+11).

Und bedenken wir noch dies: Wenn die Menschen sich wirklich retten lassen wollten, dann hätte die Botschaft vom Kreuz innerhalb weniger Jahre wenn nicht Monate nach Tod, Auferstehung und Himmelfahrt des Herrn den letzten Winkel der Erde erreichen müssen. Ist es nicht so, dass Nachrichten, die den Menschen interessieren, sich mit Windeseile von Mund zu Mund und so von Land zu Land verbreiten. Warum geschah und geschieht das mit dem Evangelium nicht? *Das menschliche Herz will es nicht*, das ist die niederschmetternde Wahrheit. Das ist der wahre, der tiefste Grund, warum bis heute viele Menschen das Evangelium noch nicht gehört haben. Natürlich liegt es auch an der mangelnden Bereitschaft der christlichen Gemeinde, das Evangelium allen Menschen zu verkünden, aber das ist nicht der Hauptgrund. Diese Tatsache nimmt dem Argument von den «armen Heiden», die das Evangelium nicht kennen – das meist eine versteckte Anklage gegen Gott ist oder als Gegenbeweis für den Anspruch der Einzigartigkeit und Allgemeinverbindlichkeit des Evangeliums gelten soll – schon sehr viel Wind aus den Segeln.

Dann dies: Gott wird den Menschen danach richten, wieviel er gewusst hat. Wer viel wusste und doch nicht glaubte, wird mit schwererer Strafe rechnen müssen, als wer wenig wusste, aber auch nicht glaubte. Das sagt der Herr selbst in Lukas 12,47+48. So harrt also der christianisierten Völker ein weit schwereres Gericht als der nichtchristianisierten Völker. Sicher ist es ein Vorrecht, im christlichen Kulturkreis aufgewachsen zu sein, aber es bringt auch eine ungeheure Verantwortung vor dem Schöpfer. Das sollten wir unseren Freunden sagen, denen der Hinweis auf die Völker, die nichts von Jesus wissen, meist nur ein Vorwand ist für ihre eigene Weigerung, das Evangelium aufzunehmen.

12. Wer sind die «Grossen» und «Gewaltigen» in Jesaja 53,12?

In Jesaja 53,12 lesen wir: «Darum werde ich ihm die Grossen zuteil geben, und mit Gewaltigen wird er die Beute teilen.» Wer ist mit den «Grossen» und «Gewaltigen» gemeint? Sind es die alttestamentlichen Gläubigen? Wer wird unter die Beute gezählt? Sind das ehemalige Sünder, die jetzt erlöst worden sind?

Jesaja schreibt seine Weissagungen in dichterischer Sprache, und diese ist im Hebräischen stets äusserst knapp und daher für uns oft vieldeutig. Das kommt in den recht verschiedenen Übersetzungen auch des vorliegenden Verses zum Ausdruck. Die meisten übersetzen das hebräische Wort *rabbim* in Vers 11 mit «die Vielen», in Vers 12 hingegen mit «die Grossen». Das Wort kann tatsächlich beides bedeuten, und das zeigt, dass der Übersetzer hier auch interpretieren muss. Weil nun aber die beiden Wörter so nahe beieinander und im selben Sinnzusammenhang stehen, würde ich beide gleich übersetzen. Wir kommen dann auf folgende Aussage:

«Durch seine Erkenntnis wird mein gerechter Knecht die Vielen zur Gerechtigkeit weisen, und ihre Missetaten wird er auf sich laden. Darum werde ich ihm die Vielen zuteil geben.» Es werden hier zwei Aussagen über das Werk des Messias gemacht: Er wird viele zur Gerechtigkeit führen, und er wird diese Vielen als sein erworbenes Teil besitzen. Und tatsächlich hat sich das mit dem Kommen des Messias bestätigt. Wenn wir an Jesus Christus glauben, werden wir vor Gott gerecht (Römer 3,23–28) und sind fortan auch Christi Eigentum, hat er uns doch mit seinem Blut erkauft (1. Korinther 6,20). Der Ausdruck «die Vielen» soll wohl auf zwei Sachverhalte verweisen: Einmal auf das Wunder, dass durch die Gerechtigkeit des Einen die Vielen gerecht werden. Davon spricht Paulus ausführlich in Römer 5,15–21. Sodann sind «die Vielen» auch ein Hinweis auf das Heil, das durch den gerechten Knecht Gottes nicht auf eine Nation, auf Israel, beschränkt bleibt, sondern zu der ganzen Vielzahl menschlicher Nationen und Völker gehen soll.

Mit den «Gewaltigen», hebräisch *'atsumim* = «Starke, Gewaltige», wird der Messias die Beute teilen. Warum kann er das? «Dafür, dass er seine Seele ausgeschüttet hat in den Tod.» Der Hebräerbrief sagt, dass der Herr Jesus durch den Tod den vernichtete, der die Gewalt über den

Tod hatte, den Teufel, und diesem dadurch Menschen entriss (Hebräer 2,14). Es fragt sich, warum denn Jesaja von einer Mehrzahl, von «Gewaltigen», spricht. Mit dem Teufel vereint sind seine Engel (Matthäus 25,41) und alle Mächte und Kräfte der Welt, die den Menschen versklaven. All diesen entreisst der siegreiche Messias einen Teil der Beute. «Die Beute» ist also die Masse aller Menschen, die seit dem Sündenfall in der Gewalt der Sünde, des Todes und des Teufels sind. Seit Golgatha aber wird die Beute geteilt: Alle, die an den Sohn Gottes glauben, werden diesem als Beute zugeführt (Epheser 4,8) und damit dem Teufel entrissen.

13. Warum müssen «die Dinge im Himmel» versöhnt werden?

Was bedeutet Kolosser 1,20: «... und durch ihn alle Dinge mit sich zu versöhnen, indem er Frieden gemacht hat durch das Blut seines Kreuzes, durch ihn, es seien die Dinge auf der Erde oder die Dinge in den Himmeln». Was soll im Himmel versöhnt werden? Paulus meint mit «himmlischen Dingen» doch sonst immer geistliche Mächte. Ich kann aber nicht glauben, dass böse Geister und Dämonen durch Jesu Tod versöhnt werden können, und gute haben es ja nicht nötig. Und was meint Jesus in Johannes 3,12 mit «das Irdische» und «das Himmlische»?

Paulus sagt, dass der Herr Jesus alles «durch das Blut seines Kreuzes» versöhnt. Das erinnert uns daran, dass der Herr Mensch werden musste, um als Mensch für Menschen zu leiden und zu sterben. Der Hebräerbrief sagt: «Weil nun die Kinder Fleisches und Blutes teilhaftig sind, hat auch er in gleicher Weise an denselben (an Fleisch und Blut) teilgenommen, auf dass er durch den Tod den zunichte machte, der die Macht des Todes hat, das ist den Teufel» (2,14).

Das zeigt ganz deutlich, dass die Erlösung durch das Blut Jesu nur für Menschen gewirkt wurde. Das meint der eben zitierte Hebräerbrief, wenn er sagt: «Denn fürwahr, er nimmt sich nicht der Engel an, aber des Samens Abrahams nimmt er sich an» (2,16). Daher können «die Dinge im Himmel» in Kolosser 1,20 unmöglich etwas anderes sein als Menschen. Paulus spricht von Menschen, die durch die Erlösung ein himmlisches Erbe haben. Sie gehören seither zum Himmel. Sie sind «die Himmlischen». Die «Irdischen» sind Erlöste, deren Berufung mit dieser Erde zusammenhängt, nämlich das Volk Israel. Für beide ist der gleiche Herr in den Tod gegangen, beide hat das gleiche Blut mit Gott versöhnt, beiden hat das gleiche Erlösungswerk am Kreuz den Frieden gebracht. (Obwohl Israel durch seinen Unglauben noch nicht in den Genuss dieses Friedens gekommen ist.)

Das «Irdische» und das «Himmlische», von dem Jesus zu Nikodemus spricht, sind die beiden eben genannten Berufungen: alles, was mit der Errettung und Bestimmung des alttestamentlichen Gottesvolkes Israel zu tun hat, ist das Irdische; alles, was mit der Errettung und Bestimmung des neutestamentlichen Gottesvolkes, der Gemeinde, zu tun hat, ist das Himmlische.

14. Darf man im Dienste des Guten lügen?

In 1. Samuel 19 steht die Geschichte von Michal, die David durch eine Notlüge rettete. Diese Lüge wird auf keine Weise getadelt oder von Gott bestraft. Heisst das etwa, dass das Böse (Saul und seine Leute) belogen werden darf, wenn man damit Gutes erreichen will? In 1. Mose 31 lügt auch Rahel im Zusammenhang mit dem gestohlenen Hausgötzen. Kann es sein, dass Gott Lügen bei Ungläubigen nicht bestraft, weil sie keinen anderen Ausweg wissen? Bei Abraham und Pharao (1. Mose 12) hatte die Notlüge Folgen; weshalb in diesen Geschichten nicht?

Notlügen sind auch Lügen und widersprechen dem Wesen Gottes. Daher hat Gott dem Menschen verboten, seinen Nächsten zu belügen (2. Mose 20,16). *Jede Lüge ist Sünde*, und Sünde wird ohne Ausnahme von Gott verurteilt und bestraft. Wenn nun in 1. Samuel 19 nichts von Tadel oder Strafe steht, bedeutet das nicht, dass Gott Michals Lüge überging. Zu seiner Zeit und auf seine Art wird er die Lüge auch Michal vor Augen gestellt und sie deswegen getadelt haben. Gott wartet manchmal länger zu und lässt oft Sündiges gewähren. Das Sprichwort, nach dem Gottes Mühlen langsam, aber gerecht mahlen, ist wahr. Der Prediger sagt: «Weil das Urteil über böse Taten nicht schnell vollzogen wird, darum ist das Herz der Menschenkinder in ihnen voll, Böses zu tun» (8,11). Paulus sagt, dass auch bei erlösten Menschen die Sünden nicht immer sogleich ans Licht kommen und bestraft werden: «Von etlichen Menschen sind die Sünden vorher offenbar und gehen voraus zum Gericht; etlichen aber folgen sie auch nach» (1. Timotheus 5,24). Dass die Sünden verborgen bleiben und Gott sie für eine Weile anstehen lässt, heisst nicht, dass Gott sie gutheisst und nicht spätestens am Tag des Gerichts ans Licht bringen würde, sei es bei Gläubigen (2. Korinther 5,10), oder sei es bei Ungläubigen (Offenbarung 20,11–15).

Aus dem Gang der Ereignisse in 1. Samuel 19 dürfen wir ferner nicht folgern, David hätte auf keine andere Weise gerettet werden können. Ist Gott nicht der Allmächtige? Versteht er es nicht, seine Heiligen zu bewahren, wenn man ihm vertraut, statt zu Lügen und Täuschungen Zuflucht zu nehmen? Dennoch erkennen wir etwa in der Geschichte Rahabs, dass Gott barmherzig ist. Er sah das Herz dieser heidnischen Frau, sie fürchtete den Gott Israels und glaubte an ihn. Darum wurde sie vom Gericht verschont (Hebräer 11,31). Sie wusste nun nicht besser, als die

Nachsteller der beiden Gesandten Josuas mit einer Lüge abzuwimmeln. Das war sicher nicht richtig, und Gott wird auch das zu einem späteren Zeitpunkt mit ihr geklärt haben. Ähnlich sieht er auch unser Herz, und wenn wir in verschiedenen Situationen versagen, wird er uns deswegen nicht verstossen, aber er wird ganz sicher mit uns über jede Sünde sprechen, sei es schon in diesem Leben oder erst, wenn wir bei ihm sind. Er wird uns züchtigen und erziehen, damit wir immer mehr lernen, in allen Umständen ihm zu vertrauen.

15. Wie durchs Feuer gerettet

Kinder Gottes, die nur gerade «wie durchs Feuer» gerettet werden (1. Korinther 3,15), werden «Schaden leiden». Sind damit solche gemeint, die unversöhnlich waren und nicht in der Heiligung lebten und deren Schaden dann darin besteht, dass sie den Herrn Jesus selber nicht sehen können, gemäss Hebräer 12,14: «Jagt dem Frieden nach mit allen und der Heiligkeit, ohne welche niemand den Herrn schauen wird.» Wie ist dann aber 1. Johannes 3,2 zu verstehen, wo Johannes zu den Kindern Gottes sagt: «Wir wissen aber, wenn es erscheinen wird, dass wir ihm gleich sein werden; denn wir werden ihn sehen, wie er ist»? Da mich der Herr Jesus Christus aus den tiefsten Tiefen der Sünde errettet und am Kreuz von Golgatha völlig für mich bezahlt hat tut es mir im Herzen weh, wenn ich daran denke, ihn, obwohl errettet, einst in der Herrlichkeit nicht sehen zu dürfen, wenn ich «dem Frieden gegen jedermann und der Heiligung» nicht genügend nachgejagt sein sollte.

Die Stelle aus dem 1. Johannesbrief zeigt, dass der «Schaden», den Kinder Gottes erleiden können, nicht darin bestehen kann, dass sie den Herrn nicht sehen dürfen. *Alle Erlösten werden*, wie Johannes sagt, *Jesus sehen*. Also muss der Schaden etwas anderes sein. Wenn wir den Zusammenhang beachten, dann wird uns deutlich, dass der Schaden darin besteht, dass ein Glaubender, der durch den Glauben an Jesus Christus auf das ein für allemal gelegte Fundament Jesus Christus gestellt worden ist (1. Korinther 23,11), nach der Bekehrung vieles in seinem Leben tun kann, das dem Bau des Reiches Gottes nicht dient. Das müssen nicht einmal für sich sündige Dinge sein. Aber all sein Einsatz im Interesse der eigenen Karriere und des persönlichen Erfolges wird, was die Ewigkeit betrifft, umsonst gewesen sein. Alle Mühe, aller Schweiss, die er aufgebracht, alle Anerkennung und aller Gewinn, die er sich dadurch eingeheimst hat, wird sich als Holz und Stroh erweisen und in der Gegenwart Gottes in all ihrer Erbärmlichkeit und Dürftigkeit offenliegen. Im Lichte von Gottes Heiligkeit wird es wie im Feuer verbrennen, und nichts wird davon übrigbleiben. Was zählen schon Gehälter und Bankkonten, sportliche und akademische Titel, kirchliche und politische Würden in der Ewigkeit? Nichts. Wie traurig ist es, wenn ein Erlöster nur seine eigene Seele in die Ewigkeit hinüberrettet, aber sonst in diesem Leben keine Frucht gebracht hat, die bleibt (Johannes 15,16)!

Hebräer 12,14 spricht von Menschen, die das Fundament aller wahren Heiligkeit abgewiesen haben: den Opfertod Jesu Christi für ihre Sünden (Hebräer 10,10). *Diese* werden den Herrn nie schauen; denn wenn sie nicht an das einzige vor Gott genügende Opfer glauben, dann können sie nicht erlöst werden. (Ich habe mich zu dieser Stelle wie zum ganzen Fragenkreis ausführlicher im Buch «Wo hört die Gnade Gottes auf?» geäussert.)

16. Billigt die Bibel Tierquälerei?

Zu den mir unverständlichsten Bibelstellen zählt Josua 11,6–9. Wieso verlangt Gott hier, dass die Pferde gelähmt werden? In 2. Samuel 8 werden ebenfalls Pferde gelähmt. Mir erscheint dies sinnlos. Ich könnte es verstehen, wenn die Tiere getötet würden, aber hier kommt es mir vor, als ob sinnlose Tierquälerei vorliege. Ist es nicht Sünde, wenn man Tieren unnötige Qualen zufügt, denn Gott hat ja auch die Tiere erschaffen, und darum muss man auch die Tiere als Zeugnis für Gottes Grösse betrachten und darf sie nur schonend zu Nahrungszwecken oder bei der Schädlingsbekämpfung töten. Dass sich Gott auch der Tiere annimmt, kann man in Jona 4,11 lesen.

Es ist undenkbar, dass Gott Tierquälerei gutheissen sollte. Das Zitat aus Jona 4,11 wird hier zu Recht angeführt. In Psalm 36,7 steht, dass Gott Menschen und Vieh rettet, und wir lesen in Sprüche 12,10: «Der Gerechte kümmert sich um das Leben seines Viehes, aber das Herz der Gesetzlosen ist grausam.» Nun ist die Anweisung, die Gott dem Josua gab, sprachlich nicht so eindeutig, so dass ich mich scheuen würde, sie mit «lähmen» zu übersetzen. Das entsprechende hebräische Verb ('aqar) kommt im AT im gleichen Verbalstamm nur viermal vor (noch in 1. Mose 49,6; 2. Samuel 8,4; 1. Chronika 18,4). Im Grundstamm steht das Verb im Prediger 3,2 für «entwurzeln»; in Zephania 2,4 steht es in einem Passivstamm und bedeutet «zerstört» oder «entwurzelt». Es gibt ein vom gleichen Wortstamm gebildetes Eigenschaftswort, und das bedeutet «unfruchtbar» (1. Mose 11,30; 25,21; 29,31 usw.). Ich sehe nun nicht ein, warum dieses Wort in Josua 11 plötzlich eine Bedeutung haben sollte, die zur Grundbedeutung des Wortes so schlecht passt. So wäre mit Vorteil möglichst allgemein zu übersetzen: «Ihre Rosse sollst du ausschalten.» Wenn man eine Pflanze ausreisst, bringt sie keine Frucht mehr, sie stirbt. Wenn man eine Stadt «entwurzelt», ist sie zerstört. Wenn man ein Pferd vom Kampfwagen ausschirrt und nur noch als Lastpferd einsetzt, ist es als Schlachtross «tot», ausgeschaltet. Was Josua in Befolgung der Anweisung Gottes genau tat, wissen wir nicht, aber dass er die Rosse lähmte, scheint mir aufgrund des biblischen und des sprachlichen Befundes ausgeschlossen.

Noch zum Sinn der Anweisung: Gott hatte im Königsgesetz Israel verboten, sich die Rosse zu mehren (5. Mose 17,16); denn er wollte nicht, dass Israel auf überlegene strategische Waffen vertraute – und der Streitwagen war die wirksamste Waffe jener Zeit –, sondern auf seinen Gott. Es gehörte zum einmaligen Bekenntnis Israels, dass es mit David sagen konnte: «Diese gedenken der Wagen und jene der Rosse, wir aber gedenken des Namens des Herrn, unseres Gottes. Jene krümmen sich und fallen, wir aber stehen und halten uns aufrecht» (Psalm 20,7+8; vgl. auch 2. Mose 14,14; Josua 10,14; 1. Samuel 17,47; Psalm 44,4).

17. Hatte Jesus leibliche Geschwister?

Hatte Jesus leibliche Geschwister?

Wenn wir dem Neuen Testament vertrauen und uns ausschliesslich auf seine Angaben verlassen, kommen wir nicht umhin: Jesus hatte leibliche Geschwister. Nur Matthäus und Lukas beschreiben uns Empfängnis und Geburt Jesu. Aus ihren Berichten ist zweifelsfrei ersichtlich, dass Jesus *von einer Jungfrau geboren wurde*. Das ist darum wichtig, weil Jesus wohl «Nachkomme der Frau» (1. Mose 3,15), also wahrer Mensch, dass er aber ohne die sündige Natur Adams, also sündlos sein musste. Darum konnte er nicht von einem menschlichen Vater gezeugt sein. Beide Evangelisten sagen von der Geburt Jesu, dass Maria damit ihren *erstgeborenen Sohn* zur Welt brachte.

Sicher: «Erstgeborener» wird auch als Ehrentitel Jesu gebraucht, ohne dass der Ausdruck dann wörtlich zu verstehen ist. So wie Jesus Christus «Erstgeborener aller Schöpfung» (Kolosser 1,15), «Erstgeborener aus den Toten» (Kolosser 1,18) oder «Erstgeborener unter vielen Brüdern» (Römer 8,29) ist. «Erstgeborener» drückt aber auf alle Fälle eine Beziehung des entsprechenden *Vorrangs* aus: Der Erstgeborene aller Schöpfung steht über der Schöpfung; der Erstgeborene aus den Toten ist der Erste, der aus den Toten auferstand, der Erstgeborene unter vielen Brüdern ist Haupt und Erstling aller Erlösten, die sein Leben und seine Natur besitzen. «Erstgeborener Sohn» der Maria (Matthäus 1,25; Lukas 2,7) kann daher unmöglich etwas anderes heissen, als dass er unter anderen Söhnen, die Maria zur Welt brachte, den Vorrang hatte, zeitlich wie auch der persönlichen Würde nach. Zudem sagt uns Matthäus ganz deutlich, um die *göttliche Zeugung und jungfräuliche Geburt* Jesu zu unterstreichen, dass Joseph keinen ehelichen Verkehr mit Maria hatte, *bis* sie ihren erstgeborenen Sohn zur Welt brachte. Dieses «bis» bedeutet doch nichts anderes, als dass Joseph und Maria nach der Geburt Jesu den vom Schöpfer gewollten ehelichen Verkehr miteinander pflegten. Daher wird der Herr ja auch «Erstgeborener» (griechisch: *prototokos*), und nicht «Einziggeborener» (*monogenäs*) Marias genannt. Das steht in bewusstem und unübersehbarem Gegensatz zur Tatsache, dass Jesus Christus der Einziggeborene (*monogenäs*) Gottes ist (Johannes 3,16).

Verschiedene Bibelstellen sprechen denn auch von den leiblichen Geschwistern Jesu (Matthäus 12,46; 13,55+56 Markus 3,31; Lukas 8,19; Johannes 2,12; 7,3). So lesen wir in Matthäus 12,46: «Als er aber noch zu der Volksmenge redete, siehe, da standen seine Mutter und seine Brüder draussen und suchten ihn zu sprechen.» Dass damit nicht etwa «geistliche Brüder», also Jünger, gemeint waren, zeigt der nachfolgende Vers 50, wo Jesus sagt, wer seine geistlichen Angehörigen sind.

Auch Johannes 2,12 macht einen Unterschied zwischen den leiblichen Brüdern und den Jüngern des Herrn. Matthäus 13,55+56 nennt sogar die Namen von Brüdern des Herrn und spricht auch von Schwestern: «Ist dieser nicht der Sohn des Zimmermanns? Heisst nicht seine Mutter Maria, und seine Brüder Jakobus und Joseph und Simon und Judas? Und seine Schwestern, sind sie nicht alle bei uns?» Jesus hatte also mindestens vier Brüder und zwei Schwestern. Dieser Vers widerlegt übrigens den anderen häufigen Versuch, leibliche Geschwister des Herrn aus der Welt zu diskutieren: Die «Brüder» Jesu seien nur Verwandte. Unter «Brüder» müssen hier aber Kinder der gleichen Mutter gemeint sein. Es stimmt zwar, dass im Hebräischen «Brüder» (*achim*) auch für Vettern stehen kann. Aber das macht im vorliegenden Zusammenhang keinen Sinn. Die Bewohner von Nazareth sagen ja: Wir kennen den Vater, Joseph den Zimmermann; wir kennen die Mutter, Maria, ja, wir kennen doch den ganzen Haushalt mitsamt Kinderschar, also die ganze Familie, aus der Jesus kommt. Was will er schon Besonderes sein?

Bedeutet es eine Schmälerung der Ehre des Herrn, dass er Geschwister gehabt hat? Keinesfalls: Er kam, um nicht allein in eine ganz gewöhnliche jüdische Familie geboren zu werden, sondern um sich am Ende seines Weges sogar mit Sündern, ja, mit der Sünde der Welt zu identifizieren. Weil er sich so vollkommen mit uns identifizierte, bewundern wir ihn nur um so mehr.

18. Benutzte Mose vor ihm verfasste Berichte der Urgeschichte?

Es erstaunt mich, dass Sie sagen, die Urgeschichte der Menschheit sei schon vor Mose niedergeschrieben worden. Gott hat nicht immer einen bereits vorliegenden geschriebenen Bericht nötig, da bei ihm Vergangenheit, Gegenwart und Zukunft immer ein offenes Buch sind. Paulus bezeugt, dass alle Schrift von Gott eingegeben ist. Deswegen hatte Mose es auch nicht nötig, auf eine etwaige alte Erzählung zurückzugreifen.

Ich hatte in der fortlaufenden Betrachtung des 1. Mosebuches zum Kapitel 10 geschrieben, dass Mose wahrscheinlich eine schriftliche Quelle aus jener weit zurückliegenden Zeit besass, die er seinem gesamten Werk eingefügt habe («ethos» 7/91). Es ist völlig richtig, dass Gott nicht ein geschriebenes Wort nötig hat, auf das die von ihm inspirierten Schreiber zurückgreifen müssten. Als der Zeitlose, der Vergangenheit und Zukunft gleich überblickt wie die Gegenwart, kann er ohne jedes menschliche Hilfsmittel seine Propheten inspirieren. Die Frage ist also nicht, ob Gott das nötig habe, sondern vielmehr, ob Gott es für gut befinde.

Nun ist es so, dass Gott dem Menschen bei der Inspiration seines Wortes den Verstand nicht ausschaltete, sondern im Gegenteil einschaltete. Gott will den erlösten Menschen nicht als unbeteiligte Marionette, sondern als seinen Mitarbeiter gebrauchen (1. Korinther 3,9).

Nehmen wir als Beispiel das Lukasevangelium, das im Umfang und Wortlaut selbstverständlich von Gott eingegeben ist. In der Einleitung sagt uns nun Lukas, dass er seinen Bericht erst verfasste, nachdem er selbst die Zeugnisse von «Augenzeugen und Dienern des Wortes» ausgewertet hatte. Das waren die Quellen, auf die Lukas zurückgriff, als er das Evangelium schrieb.

Gott wollte offensichtlich, dass die Schreiber seines Wortes mit Fleiss und Sorgfalt den Stoff sammelten und bearbeiteten, der ihnen zugänglich war. Was sie nicht wissen und woran sie nicht gelangen konnten, das offenbarte ihnen Gott. Wir können ganz allgemein sagen: Wo der Mensch nichts vermag, tut Gott alles. Was aber der Mensch selbst tun kann, was Gott dem Menschen zu tun aufgetragen hat, das nimmt er ihm nicht ab.

Das zeigt, welch hohen Rang Gott dem Menschen gegeben hat. Als der Herr Lazarus auferweckte, mussten die Menschen den Stein vom Grab wälzen (Johannes 11,39), denn das konnten sie selbst. Der Herr war es dann, der ihn ins Leben zurückrief, denn das konnte nur er.

Daher scheint es dem Wesen Gottes und der Bestimmung des von ihm geschaffenen Menschen eher zu entsprechen, dass Gott dem Mose all das direkt sagte, was Mose auf keine andere Weise als durch unmittelbare Inspiration wissen konnte: Die Erschaffung der Welt (1. Mose 1+2) und die Zukunft seines Volkes (5. Mose 30–33). Auf der anderen Seite haben wir etliche Hinweise, dass Mose wie ein Historiker vorging, der laufend Ereignisse aufzeichnete und sie später in sein gesamtes Schriftwerk einarbeitete (4. Mose 33,1+2). Und wenn er im eben genannten Fall wie ein Historiker oder Chronist arbeitete, warum sollte er das nicht auch dort tun, wo er die Urgeschichte bearbeitete? Wenn man beispielsweise den Bericht von der Sintflut liest, bekommt man den Eindruck, dass ein Augenzeuge, der über den Gang der Ereignisse Tagebuch geführt hatte, berichtet. Warum sollte Mose nicht einen solchen von Noah selbst verfassten Augenzeugenbericht benutzt haben? Es spricht nichts dagegen, aber einiges dafür.

19. Warum wird Jesus immer mit langen Haaren abgebildet?

In 1. Korinther 11,17 steht, dass es dem Mann eine Unehre sei, wenn er sein Haar wachsen lasse. Wie kommt es, dass der Herr Jesus gerade in Filmen so oft mit langem Haar dargestellt wird?

Wenn Jesus Christus in Filmen langhaarig ist, dann liegt das sicher an der jahrhundertealten Tradition, Jesus von Nazareth so darzustellen. Fragen wir, wie die künstlerische Tradition entstand, so können wir vermuten, dass man in Jesus einen Nasir sah, wie es Simson und Samuel waren, und diese trugen ihr Haar lang (Richter 16,17, 1. Samuel 1,11). Tatsächlich verlangte es das Gesetz des Gottgeweihten, dass während der Zeit seiner Weihe kein Schermesser je über sein Haupt gehen dürfe (4. Mose 6,5). Nun war aber Jesus Christus kein Nasir; denn er tat, was ein Nasir nicht durfte: Er trank Wein (vgl. 4. Mose 6,3), und er rührte Tote an (vgl. 4. Mose 6,6). Hätte er nun das buchstäbliche Gelübde des Nasirs auf sich genommen, hätte er das Gesetz gebrochen; und das ist ausgeschlossen (Matthäus 5,17). Und hätte er, ohne ein Nasir zu sein, das Haar lang getragen, hätte er sich äusserlich als Nasir präsentiert, ohne einer zu sein. Das aber hätte sich unmöglich mit seiner vollkommenen Wahrhaftigkeit vertragen. So spricht biblisch alles dagegen, dass Jesus Christus langes Haar gehabt haben soll.

Diese alte, aber unbegründete Vorstellung ist eines der zahlreichen Beispiele dafür, wie menschliche Traditionen oft so stark sind, dass sie biblische Wahrheiten überlagern und teils zu verdrängen vermögen. So meinen viele, Eva habe von einem Apfel gegessen, der Rauch vom Opfer Kains sei dem Boden entlang geschlichen, während er bei Abel kerzengerade zum Himmel gestiegen sei, Jesus sei im Winter zur Welt gekommen, drei Könige hätten den neugeborenen König der Juden angebetet usw. Wir tun deshalb gut daran, möglichst alle Traditionen abzuschütteln, um nachzulesen, was wirklich in der Bibel steht. Hier sind wir an der unverfälschten, durch keine menschlichen Vorstellungen und Traditionen getrübten Quelle.

20. Was bedeutet das biblische Bilderverbot?

In 2. Mose 20,4+5 steht, dass wir uns kein Bildnis oder Gleichnis machen sollen von dem, was im Himmel, auf der Erde, unter dem Wasser und unter der Erde ist, und dass wir keine solchen Bildnisse anbeten sollen. Bedeutet das, dass ich keinerlei Bilder wie Fotos oder Gemälde an die Wand hängen darf? Darf man demnach keine Puppen zum Spielen verwenden, da diese doch ein Abbild des Menschen sind? Und was habe ich von Filmen über den Herrn Jesus zu halten?

Der orthodoxe Islam kennt ein totales Bilderverbot, die Bibel hingegen nicht. Das Bilderverbot bedeutet lediglich, dass ich mir *von Gott* kein Bild machen darf, sei es, dass ich Gott mit einem Geschöpf, das am Himmel fliegt, oder das auf der Erde läuft, im Wasser schwimmt oder unter der Erde haust, vergleiche. Dass hier kein Verbot jeglicher bildlichen Darstellung von Geschöpfen gemeint sein kann, zeigt die Stiftshütte, die ebenfalls im 2. Mosebuch beschrieben wird. Wir lesen darin, dass die Israeliten gemäss der Weisung Gottes *Cherubim* aus Gold fertigten (25,18). Salomo liess im Tempel Cherubim, Palmen und Blumen aus Holz schnitzen und mit Gold überziehen (1. Könige 6,29), zwölf Rinder aus Erz schmieden, welche das eherne Meer trugen (7,25), an den Bronzegestellen der Wasserbehälter Abbilder von Löwen, Rindern und Cherubim anbringen (7,29), Kränze von ehernen Granatäpfeln an den beiden Säulen vor dem Tempel anbringen (7,42).

Gott verbot dem Menschen deshalb, sich ein Bild von ihm zu machen, weil er erstens damit sagen wollte, dass er, der Schöpfer, keinem Geschöpf vergleichbar sein könne, und weil er zweitens eines Tages als «das Bild des unsichtbaren Gottes» (Kolosser 1,15) in der Schöpfung erscheinen werde. Es gibt nur *ein* wirkliches Bild Gottes, und das ist der Mensch gewordene Gottessohn, und auch dieses Bild kann selbstverständlich kein Mensch erstellen oder nachmachen. Von daher halte ich es für äusserst bedenklich, wenn man meint, den Sohn Gottes «naturgetreu» darstellen zu müssen.

Es kann kein Zufall sein, dass uns die Bibel *nichts* über das Aussehen Jesu mitteilt. Wir wissen anhand der Weissagungen Jesajas einzig, dass er als Mensch eher unscheinbar gewesen sein muss (Jesaja 53,3), und dass er einen Bart hatte (Jesaja 50,6). Einen Bart hatten freilich alle jüdischen Männer. Wenn wir nichts über das Aussehen Jesu wissen, sind alle bildlichen Darstellungen *blosse Fiktion*, mehr dazu angetan, unsere Phantasie anzuregen, als den Glauben zu fördern.

Wenn es Gott für gut befunden hätte, ein künstlerisches Abbild seines Sohnes zu hinterlassen, hätte er einen Maler oder Bildhauer dazu inspiriert. Aber genau das tat er nicht, vielmehr inspirierte er vier Männer, einen schriftlichen Bericht von der Geburt, vom Leben und Sterben Jesu Christi zu verfassen. Bedeutet das nichts? Hat uns das nichts zu sagen? Ich meine wohl.

Es sagt auch der Apostel Paulus ausdrücklich: «Wenn wir (= die Zeitgenossen Jesu) Christus auch nach dem Fleisch gekannt haben, so kennen wir ihn doch jetzt nicht mehr so» (2. Korinther 5,16). Der Sohn Gottes selbst sagte, dass das Fleisch nichts nütze, dass einzig der Geist lebendig machen könne (Johannes 6,63). Man kann daher mit natürlichen Mitteln, also mit unseren Sinnen, den Sohn Gottes nicht erkennen. Umgekehrt aber gilt: Ein Bild oder ein Film vermag eine vollständig verkehrte Vorstellung vom Sohn Gottes zu erzeugen. Man muss befürchten, dass viele Betrachter solcher Bilder *das Bild* anbeten, das sich von Jesus eingeprägt hat, statt den Sohn Gottes selbst.

Mit Filmen kann man sehr viel darstellen; anhand menschlicher Schicksale auch das Evangelium. Aber den Sohn Gottes selbst kann man mit diesem Mittel eigentlich nur verfehlen. Ihn erkennen wir nicht anders als durch seinen Geist, der durch sein geschriebenes Wort wirkt.

21. Wie lässt sich Johannes 1,40 mit Matthäus 4,18 vereinbaren?

In Johannes 1 folgen Jesus Andreas und noch ein Jünger nach, während Andreas und sein Bruder Simon in Matthäus 4 bei ihrer Fischerarbeit von Jesus gerufen werden. Ich glaube, dass die Bibel das widerspruchsfreie Wort Gottes ist, aber ich weiss nicht, wie man diese beiden Stellen miteinander vereinbaren kann. Ausserdem steht in Matthäus 3 und 4, dass Jesus unmittelbar nach der Taufe in die Wüste ging, um 40 Tage versucht zu werden, und bei Johannes kann man ersehen, dass er nach der Taufe noch mindestens zwei Tage nicht in der Wüste allein war (Verse 35+43). Da am 3. Tage die berühmte Hochzeit zu Kana war (Johannes 2,1), muss er noch länger unter den Menschen geblieben sein. Dass die 40 Tage zwischen dem 34. und 35. Vers lagen, ist doch ausgeschlossen, wenn es heisst «am folgenden Tag».

In Johannes 1 wird uns beschrieben, wie Andreas und ein anderer ehemaliger Johannesjünger Jesus nachfolgen und ihn fragen, wo er sich aufhalte. Der Herr lädt sie ein, zu ihm zu kommen, und sie «blieben jenen Tag bei ihm» (V. 39). Einen Tag verbrachten sie nur mit ihm; das heisst, dass sie wohl nachher von der Jordangegend, wo Johannes taufte, aufbrachen und in ihre Heimat am See Genezareth zurückkehrten. Sie waren erneut am Fischen, als der Herr sie wiedersah und sie diesmal rief, in seine Nachfolge zu treten. Jetzt erst gaben sie die Fischerei auf und wurden zu seinen ständigen Begleitern (Matthäus 4,18–22).

Wann aber war der Herr die 40 Tage in der Wüste? Aus Markus 1,11+12 wird ersichtlich dass der Herr sogleich nach der Taufe in die Wüste ging, um dort versucht zu werden. In Johannes 1 werden uns die Zeitangaben so gegeben, dass zwischen dem Vers 29 und Vers 43 keine Lücke von 40 Tagen gewesen sein kann; heisst es doch in den Versen 29, 35 und 43 jedesmal «des folgenden Tages».

Es bleibt als einzige Möglichkeit die Annahme, dass die Taufe und nachfolgende Versuchung des Herrn stattfand, *bevor* Johannes seinen berühmten Ausspruch tut: «Siehe, das Lamm Gottes, welches die Sünde der Welt wegnimmt» (V. 29). Jesus muss also nach den 40 Tagen noch einmal zu Johannes zurückgekehrt sein.

Was wir in den Versen 32–34 lesen, ist nicht der *Bericht* von der Taufe Jesu, sondern das *nachträgliche Zeugnis* des Johannes über das Geschehen und über seine Bedeutung. Als der Herr erstmals zu Johannes kam und begehrte, dass er ihn taufe, widersprach er (Matthäus 3,13+14). Er begriff nicht, wie der Messias etwas an sich geschehen lassen sollte, das sonst nur Sünder nötig hatten. Nach der Taufe muss er es verstanden haben, weshalb er Jesus, da dieser abermals zu ihm kommt, mit dem Ruf empfangen kann: «Siehe, das Lamm Gottes, das die Sünde der Welt wegnimmt.» Er begriff jetzt, dass der Messias gekommen war, um die Sünde anderer auf sich zu nehmen und als Lamm geschlachtet zu werden. Denn genau das hatte er mit seiner öffentlichen Taufe bezeugen wollen.

Die Verse 19–28 bestätigen die Annahme, dass Johannes dem Messias bereits begegnet war, als die Juden Priester und Leviten zu ihm sandten. Denn er kündigt ihnen das Kommen des Messias nicht mehr an, wie in Matthäus 3,11, sondern er sagt, dass dieser bereits mitten unter ihnen sei (V. 26).

22. Wie konnte es Jona drei Tage im Bauch des Fisches aushalten?

Wie kann Jona es drei Tage im Bauch eines grossen Fisches ausgehalten haben? Ich habe in einem Buch gelesen, dass ein Mann, der von einem Wal verschluckt worden war, nach einem Tag von seinen Kameraden aus dem Fischbauch herausgeholt wurde. Der Mann atmete, aber sehr schwer. Gibt es eventuell eine wissenschaftliche Erklärung dafür, wie jemand drei Tage im Innern eines Fisches überlebt haben kann?

Es ist hinlänglich bekannt, dass Matrosen von grossen Fischen verschluckt und dann lebend geborgen worden sind (siehe Fragen zur Bibel, «ethos» 11/85; auch «100 Fragen zur Bibel», Bd. 1). Es handelte sich dabei meist um kürzere Zeiträume.

Ob es nun eine wissenschaftliche Erklärung auf diese Frage gibt, hängt davon ab, was man unter «Wissenschaft» versteht. Wahre Wissenschaft sollte unter Berücksichtigung aller Mächte und Kräfte, welche das Dasein bestimmen und beeinflussen, möglichst objektiv arbeiten. Somit müsste sie eigentlich die *Möglichkeit*, dass ein Schöpfer ist und dass dieser über der sinnlich wahrnehmbaren Schöpfung steht, akzeptieren. Wenn nun die «Wissenschaft» ein direktes Eingreifen des Schöpfers von vornherein ausschliesst, ist sie, strenggenommen, nicht mehr wissenschaftlich, sondern ideologisch voreingenommen, oder, um es weniger vornehm zu sagen: borniert.

Beziehe ich aber die Möglichkeit eines göttlichen Eingreifens in die Abläufe der Natur und Geschicke der Menschen in mein Kalkül ein, lässt sich die Frage nach der «wissenschaftlichen Erklärung» für Jonas Abenteuer ganz plausibel beantworten. Es kommt also ganz auf meine *Denkvoraussetzungen* an.

Gesetzt, Gott ist, ergibt sich folgende einfache Kette von Überlegungen: Gott hat die belebte und die unbelebte Materie, Tiere und Menschen erschaffen. Er trägt seit der Erschaffung der Welt alle Dinge durch das gleiche Wort, das einst alles ins Dasein rief (Hebräer 1,2). Wenn Gott das vermochte, dann vermag er auch das viel Kleinere, nämlich einen Menschen im Bauch eines Fisches drei Tage am Leben zu erhalten.

Das könnten wir Menschen sogar: Wir könnten einen Mann so einpacken und mittels Schläuchen und Sauerstoffflaschen mit Luft und Nahrung versorgen, dass er ein derartiges Experiment unbeschadet überstünde.

Frage: Wenn *wir* mit unseren eingestandenermassen begrenzten Fähigkeiten und Möglichkeiten dazu in der Lage wären, sollte dann der Gott, der uns ja erschaffen hat, der Dinge kann, die wir nie und nimmer vermögen, dazu ausserstande sein?

Wir sehen, die ganze Frage um Jona und den Fisch geht darauf zurück, ob Gott ist oder nicht. Wenn ich beschlossen habe, dass Gott nicht sei, dann ist Jona ohnehin uninteressant; dann brauche ich diese ganze täppische Erzählung von eher erbärmlichem Witz nicht, um damit etwas zu beweisen, das ich ohnehin glauben will: dass nämlich kein Gott sei, der in die Geschicke der Welt eingreife.

Wenn aber Gott ist, dann ist er so, wie *er* sich uns zu erkennen gibt: ewig, jenseitig, über der Zeit und der Materie stehend, der alles ins Dasein gerufen hat, alles weiss, alles regiert, alles vermag. Dann ist er auch der, der am Ergehen des Menschen tiefsten Anteil nimmt, wohl dessen Sünde strafen muss, aber alles unternimmt, um dessen Rettung zu wirken.

Unter diesen Denkvoraussetzungen wird das Ergehen Jonas im höchsten Grad bewegend, ja, überwältigend. Gott setzt eines einzigen Menschen wegen den Wind und die Wellen in Bewegung, sendet einen grossen Fisch, lässt diesen den Mann seines Interesses verschlingen und nach drei Tagen wieder ausspeien. Und er tut das alles mit diesem einen, weil er eine grosse Stadt mit über hundertzwanzigtausend Menschen vor dem Verderben bewahren will.

Das ist für mich das viel unfassbarere Wunder in der Geschichte Jonas: Dass der ewige, über uns Menschlein unendlich erhabene Gott sich so zu uns herabneigt und sich unser annimmt. Dass er zu uns redet, uns nachgeht und uns züchtigt, wenn wir ihm davonlaufen, und dass er alles unternimmt, um uns vor dem selbstverschuldeten Untergang zu bewahren.

23. Wer ist der Engel mit dem Siegel?

In Offenbarung 7,2 lesen wir: «Und ich sah einen anderen Engel von Sonnenaufgang heraufsteigen, welcher das Siegel des lebendigen Gottes hatte.» Wer ist dieser Engel? Die Neuapostolische Kirche behauptet, es sei niemand anderer als ihr Stammapostel.

Im Buch der Offenbarung lesen wir an vier Stellen von einem «anderen Engel»; jedesmal ist damit der Sohn Gottes gemeint. Bereits im Alten Testament begegnen wir häufig dem Sohn Gottes in der Gestalt des «Engels des Herrn» (1. Mose 22,11; 2. Mose 23,20+21; Richter 6,11+21 usw.). In Offenbarung 7,2 ist «der andere Engel» der Bewahrer der Seinigen; in 8,3 ist er der Fürbeter seines Volkes; in 10,1 erkennen wir in ihm den Besitzer von Himmel und Erde; in 18,1 ist er der im kommenden Friedensreich Verherrlichte, dessen Herrlichkeit die ganze Schöpfung erfüllen wird (vgl. Jesaja 6,3).

Was bedeutet aber die Versiegelung? Sie spricht von Schutz und Bewahrung. Wer wird nun hier versiegelt? Ich zitiere aus dem Buch «Geöffnete Siegel»:

«Gott erfüllt seine durch Jakob (1. Mose 49), durch Mose (5. Mose 33) und durch die Propheten (Jesaja 54; Jeremia 33; Hesekiel 47+48; Hosea 13,4–7; Joel 3; Amos 9,11–15 etc.) an den Samen Abrahams gegebenen Verheissungen. Die 12 Stämme werden gerettet und wieder zusammengeführt werden, um das den Vätern verheissene Land zu erben und auf immer zu besitzen (Hesekiel 48). Gott sorgt dafür, dass die von ihm dazu Erwählten durch nichts und niemanden geschädigt werden können... Sie werden 'versiegelt', das heisst unter Gottes Schutz gestellt und als Gottes Besitz ausgesondert.»

Verschiedene Sekten haben schon versucht, die Versiegelung der 12 Stämme auf sich zu beziehen, wie erwähnt die Neuapostolen, aber auch die sogenannten «Zeugen Jehovas». Dass mit den 12 Stämmen wirklich die Nachfahren der 12 Stämme Israels gemeint sind, macht gerade der in Offenbarung 7 sich anschliessende Abschnitt deutlich: Wir lesen in den Versen 9–12 von geretteten *Heiden*, also Nichtisraeliten, die im Gegensatz zu den aus den 12 Stämmen *genau gezählten* je zwölftausend Versiegelten, *nicht zu zählen sind.*

Aus dem Gesagten ist deutlich geworden, dass der Engel von Offenbarung 7,2 nicht der Stammapostel der Neuapostolischen Kirche sein kann; denn er ist *kein Mensch* wie dieser, und er versiegelt nur *Angehörige der 12 Stämme Israels*, keine Heiden.

24. Unvollständige Christen?

Neulich sagte jemand zu mir: «Ein Christ ohne Zungenrede ist wie ein Elefant ohne Rüssel.» Bisher dachte ich, dass ich auch ohne charismatische Gaben ein «vollständiger Christ» sei. Doch die Worte in 1. Korinther 14,5+12 und Markus 16,17–20 drängen mir die Frage auf, ob mir nicht doch etwas fehlt, wenn ich nicht in Zungen reden kann.

Die Grundtatsache, von der wir ausgehen müssen, ist die neutestamentliche Lehre, dass der Glaubende *in Christus* vollkommen ist. (Es ist wichtig, dass wir das beachten: Nur in Christus sind wir vollkommen, in uns selbst nie.) Paulus beleuchtet in seinen Briefen diese Wahrheit von verschiedenen Seiten. Im Römerbrief sagt er, dass wir durch den Glauben Kinder und Erben Gottes und Miterben Christi sind (8,17), dass wir also alles besitzen, was dem Sohn Gottes gehört. Wir haben den Geist der Sohnschaft und werden nach Gottes Absicht seinem Sohn gleichgemacht werden (8,29). Im 1. Korintherbrief vernehmen wir, dass uns in Jesus Christus die Gnade Gottes gegeben worden ist, und dass wir daher an keiner geistlichen Gnade Mangel haben (1,4+5). Im Epheserbrief sagt uns der Apostel, dass uns Gott in seinem Sohn *mit jeder geistlichen Segnung* gesegnet hat (1,3). Im Kolosserbrief lehrt er, dass wir in Christus *vollendet* sind (2,10). Wenn uns der Apostel Johannes sagt, dass wer den Sohn hat, damit auch das *Ewige Leben* habe, dann sagt er gleichzeitig, dass dieses Leben der Sohn Gottes selbst ist (1. Johannes 5,12+20). Wer zu ewigem Leben wiedergeboren worden ist, hat den Sohn; dessen Leben ist sein Leben. Der Gedanke, dass dieses Leben irgendwie mangelhaft sein könnte, ist geradezu anstössig.

Wenn wir uns der konkreten Frage zuwenden, ob alle Christen in Zungen reden sollten, dann leugnet der Apostel Paulus das aufs deutlichste. Er sagt in 1. Korinther 12,4–11, dass es eine *Vielzahl* von Gaben gibt, die der Geist *nach seinem Willen* austeilt. Wir können Gottes Willen nie ändern; auch nicht durch Betteln oder Drängen. Auf diese Tatsache baut Paulus sein ganzes weiteres Argument auf, wenn er sagt, dass es daher töricht sei, sich seiner geistlichen Gabe wegen entweder über andere zu erheben oder umgekehrt andere um ihre Gabe zu beneiden. Es braucht im Leib alle Glieder, und jedes Glied ist an seinem Platz mit seiner Aufgabe so wichtig und so unerlässlich wie jedes andere auch (Verse 12–27). Solchen, die sagen, alle müssten in Sprachen reden, stellt der Apostel die

Frage: «Wenn der ganze Leib Auge wäre, wo wäre das Gehör?... Nun aber hat Gott die Glieder gesetzt, jedes einzelne von ihnen an dem Leibe, wie es ihm gefallen hat. Wenn aber alle *ein* Glied wären, wo wäre der Leib?» (Verse 17–19). Und am Ende des Kapitels fragt er wiederum in rhetorischer Art: «Sind etwa alle Apostel? alle Propheten? alle Lehrer? haben alle Wunderkräfte? haben alle Gnadengaben der Heilungen? reden alle in Sprachen?» (Verse 29+30). Die Antwort ist selbstverständlich jedes Mal: «Nein».

Es ist natürlich ausgeschlossen, dass Paulus in 1. Korinther 14,5 das Gegenteil gesagt haben sollte. Wie ist dann aber der Vers zu verstehen? Lesen wir die vorangegangenen und die nachfolgenden Verse, dann fällt uns auf, wie er das unverständliche Reden in Sprachen dem verständlichen Reden in gewöhnlicher Sprache, dem Weissagen, gegenüberstellt. Dabei will er den Wert und Sinn der Gaben für *die Erbauung der Gemeinde* (Verse 4+12+17+26) klarmachen, und da sagt er immer wieder, dass es in den Zusammenkünften weit besser sei, in verständlicher Sprache zu reden, damit alle erbaut werden, als in einer unverständlichen Sprache zu reden, die niemand versteht. So ist also seine Aussage «Ich wollte, dass ihr alle in Sprachen redetet» nicht eine absolute (wörtlich: «losgelöste») Wahrheit; denn sonst hätte er sich, wie wir bereits sahen, ganz krass widersprochen. Der Nachsatz «vielmehr aber, dass ihr weissagt» zeigt, dass es ein rhetorisches Mittel ist, um den *relativen Sinn und Wert* dieser beiden Gaben im Rahmen der gemeindlichen Zusammenkünfte zueinander in Beziehung zu stellen.

Gerade die angeführte Stelle 1. Korinther 14,12 unterstreicht das Argument des Paulus. Er sagt den Korinthern, dass sie in allem Eifer um geistliche Gaben den *Sinn der Gaben* nie aus den Augen verlieren sollten: «Dass ihr überströmend seid *zur Erbauung der Gemeinde.*» Darum soll es stets gehen: Die Gemeinde soll erbaut werden, nicht ich. In diesem Licht erkennen wir, dass der Vers 4 eine taktvolle, aber nicht minder deutliche Rüge an die Adresse jener Korinther ist, die das Zungenreden in den Vordergrund schoben, sagt doch Paulus, wer in einer Sprache rede, erbaue *sich selbst*, wer aber weissage, erbaue *die Gemeinde*.

Markus 16,17–20 ist wiederum sicherlich falsch verstanden, wenn es in Widerspruch zu den genannten Grundlehren des Neuen Testaments und zu den Aussagen von 1. Korinther 12 gerät. Es ist also ganz ausgeschlossen, dass der Herr *jedem* Gläubigen zu aller Zeit und an allen Orten die Verheissung gab, sie würden in neuen Sprachen reden. Beachten wir, wie Markus ausdrücklich sagt, dass der auferstandene Herr sich *den Elfen* offenbarte (Vers 14). Ihnen allen galt die Verheissung sicher, und tatsächlich geschahen solche Zeichen durch die Apostel, wie 16,20 sagt, und wie wir in der Apostelgeschichte nachlesen können. Die Verheissung hat sich also in der Zeit der Apostel erfüllt; der Herr ist zu seinem Wort gestanden.

Dass solche Zeichen zu allen Zeiten den Glaubenden folgen würden, hat der Herr nicht ausdrücklich gesagt; theoretisch wäre es zwar möglich, dass er das gemeint hätte. Nun aber verunmöglicht das erwähnte 12. Kapitel im 1. Korintherbrief diese Meinung. Es reden nicht alle in Sprachen, es haben nicht alle Kräfte der Heilung. Es ist aber *jeder*, der den Sohn Gottes im Glauben aufgenommen hat, «vollendet in ihm» (Kolosser 2,10). Glauben wir seinem Wort? Wie glücklich sind wir dann.

25. Warum gab Gott dem David viele Frauen?

Nathan überführt David seines Ehebruchs mit Bathseba. Dabei sagt er in seiner von Gott an David empfangenen Botschaft: «... und habe dir deines Herrn Haus gegeben, dazu seine Frauen, und habe dir das Haus Israel und Juda gegeben...» (2. Samuel 12,8). Soll das heissen, dass Davids Vielweiberei ein Geschenk Gottes war? War Polygamie nicht immer Sünde? Gibt es im Alten Testament eine Stelle, die Polygamie eindeutig verurteilt? Oder hörte sie erst mit dem Kommen der christlichen Ethik auf?

Wir können aus dem Alten Testament nichts Besseres und Deutlicheres anführen als den Schöpfungsbericht. Dort erkennen wir die ursprüngliche und höchste Absicht des Schöpfers: Er wollte, dass Mann und Frau *ein* Fleisch würden; dass zwei Menschen fortan eine neue Einheit bildeten; dass der Mann seiner Frau (Einzahl) anhange (1. Mose 2,24). Das schliesst die Vielehe eigentlich aus. Aber es findet sich keine Stelle, welche die Vielehe ausdrücklich verbietet.

Gott duldete in alttestamentlicher Zeit die Vielehe, tat es aber nur, wie anderes auch, «wegen eurer Herzenshärtigkeit» (Matthäus 19,8). Dass diese aber in allen Fällen, von denen das Alte Testament berichtet, nur Zerwürfnis, Enttäuschungen, Zank und Rivalitäten auslöste, ist doch eine deutliche Rüge des Schöpfers.

Der Herr Jesus hat die ursprüngliche Ordnung der Einehe ausdrücklich bestätigt (Matthäus 19,5); der Apostel Paulus sagt, dass Gemeindeältester nur werden kann, wer Ehemann *einer* Frau ist (1. Timotheus 3,2). Damit unterstreicht auch er die vom Schöpfer gewollte Norm.

Wenn nun Gott die Vielehe nicht wollte, sondern nur zuliess, warum kann er dann durch Nathan sagen, er habe David «die Frauen deines Herrn in deinen Schoss gegeben»? Es ist nur scheinbar widersprüchlich. Beachten wir den Zusammenhang dieser Aussage: In seiner Gleichnisrede hat Nathan David mit einem reichen Besitzer grosser Herden verglichen, der einem armen Mann sein einziges Schäflein weggenommen hat. Obwohl David reich war und viele Frauen hatte, nahm er einem einfachen Mann seine einzige Frau weg. Das ist herzlos; aber es ist auch undankbar. Das wollte Gott dem David vor Augen führen, das ist der Sinn des ausdrücklichen Hinweises auf die vielen Frauen.

Nehmen wir einen weiteren Vergleich: Ein reicher, gottloser Mann, der sich auf Kosten anderer bereichert und Arme ausgebeutet hat, wird sich dafür ebenfalls vor Gott verantworten müssen. Da wird ihn der Schöpfer fragen, warum er Gott denn nie gedankt habe, obwohl ihm dieser täglich Mund und Magen mit Gutem gefüllt hatte. So wird die Undankbarkeit des Mannes blossgestellt. Es wird aber niemandem einfallen zu sagen, Gott habe mit seiner Frage die Ausbeutung der Armen gutgeheissen. Diese war verkehrt, war böse; dennoch verdankte der Gottlose dem Schöpfer alles, was er täglich zu sich nahm.

Ohne Gott hätte David keine einzige Frau gehabt; er verdankte ihm alles – und auf diese Weise dankte ihm König David seine Wohltaten! Wir begreifen, dass David sich seiner Herzlosigkeit und Undankbarkeit zutiefst schämte, dass er vollkommen zerknirscht war, wie Psalm 51 zeigt. Davids Herzlosigkeit wollte Gott rügen, nicht die Vielehe bestätigen.

26. Wurde David von Gott oder von Satan zur Sünde gereizt?

Ich habe gerade die Lebensgeschichte von König David in 1. Samuel bis 1. Könige 2 und 1. Chronik 11–29 gelesen. Wie ist der Unterschied zwischen 2. Samuel 24,1 und 1. Chronik 21,1 zu erklären?

Wurde David von Gott oder wurde David von Satan versucht? Die Frage wird im Neuen Testament eindeutig beantwortet: «Niemand sage, wenn er versucht wird: Ich werde von Gott versucht. Denn Gott kann nicht versucht werden vom Bösen, er selbst aber versucht niemanden. Ein jeder aber wird versucht, wenn er von seiner eigenen Lust fortgezogen und gelockt wird» (Jakobus 1,13+14).

Es war Davids Lust, die ihn fortzog; die Lust wird von Satan genährt, er nützt sie aus und verleitet so zu eigenmächtigem Tun. Daher lesen wir in 1. Chronik 21 auch, dass Satan David zur Volkszählung anstiftete. Warum kann dann aber der Schreiber von 2. Samuel 24 dennoch sagen, der *Herr* habe David gereizt, das Volk zu zählen?

Es kann nichts anderes bedeuten, als dass der Satan David wohl anstiftete, dass er es aber nur konnte, weil Gott es zuliess. Aus Hiob 1 und 2 lernen wir, dass der Satan nicht mehr tun kann, als Gott ihn tun lässt. Es bleibt aber doch noch die Frage: Warum gab denn Gott dem Teufel freie Hand? Er liess den Teufel gewähren, weil David es in seinem Eigensinn so wollte. David setzte seinen Kopf auch gegen Joab durch, der ihm inständig von seinem Vorhaben abriet.

Gott lässt uns oft machen, wenn wir unseren Willen um jeden Preis durchsetzen wollen. Wenn wir anders nicht lernen, muss er uns der Verführung des Teufels preisgeben, damit wir am eigenen Leib erfahren, wie töricht es ist, Gottes Willen zu ignorieren.

Diese Episode im Leben Davids endet aber sehr schön: Gott weist David den Ort, an dem der Altar im Haus Gottes in Jerusalem stehen soll. So wurde das Böse dennoch zum Guten gewendet. Ist das, was hier in einem sehr begrenzten Rahmen geschah, nicht ein Abbild der ganzen Heilsgeschichte?

Gott liess es zu, dass der Satan den Menschen verführte und in Sünde und Tod stürzte. Aber der gleiche Gott wendet das Unheil zum Heil: Er hat uns gleich David den Altar gezeigt, an dem ein Opfer für unsere Sünden dargebracht wurde. Die Sünde des Menschen wurde Gott zum Anlass, seine unbegreifliche Liebe zu offenbaren und seine Erlösten mit Segnungen zu überschütten, die so hoch, so tief und so herrlich sind, dass kein Menschenherz sie je hätte ausdenken können (1. Korinther 2,9).

Vergessen wir dabei aber eines nicht. Damit das von David verschuldete Unheil sich wendete, musste David *seine Schuld bekennen*: «Siehe, ich habe gesündigt, ich habe verkehrt gehandelt» (2. Samuel 24,17). Damit Gott auch uns alles Gute tun kann, was in seinem unendlich weiten Herzen ist, müssen auch wir unsere Schuld bekennen. Wenn wir so unsere Liebe zu Gott unter Beweis stellen, wissen wir: Denen, die Gott lieben, müssen alle Dinge zum Guten zusammenwirken (Römer 8,28).

27. Gab es den Tod schon vor dem Sündenfall?

Ich habe die Schöpfungsgeschichte bisher so verstanden, dass mit dem Sündenfall von Adam und Eva auch die Pflanzen- und Tierwelt gefallen ist. Der Tod, der Lohn der Sünde, war bis dahin noch nicht in der Welt, die Tiere frassen einander noch nicht auf. Wie kann es dann aber sein, dass die Dinosaurier Millionen Jahre vor dem Sündenfall ausgestorben sind?

Dieses Dilemma zeigt in trefflicher Weise, wie man sich unnötig Widersprüche schafft, wenn man nicht beim biblischen Text bleibt. Tatsächlich kam der Tod erst mit der Sünde Adams in die Schöpfung, wie uns das 3. Kapitel von 1. Mose zeigt. Vorher gab es kein Fressen und Gefressenwerden der Tiere untereinander, so wenig es Altern, Krankheit, Hass, Feindschaft und Tod unter den Menschen gab.

Wenn wir nun weiter beim biblischen Text bleiben, können wir die Dinosaurier unmöglich Millionen von Jahren zurückverlegen, denn die Bibel spricht nur von *einer* Schöpfung, der in 1. Mose 1 beschriebenen. Diesem Bericht entnehmen wir, dass die Dinosaurier *einen* Tag vor den Menschen erschaffen wurden (1. Mose 1,24+25). Sie starben *nach* dem Sündenfall aus, waren also während einiger Jahrtausende Wegbegleiter des Menschen.

Die zahlreichen fossilen Saurier gehen auf die Sintflut zurück (vergleiche auch «ethos» 2/92). Die Exemplare, die die Flut überlebten, müssen wie andere Grosstiere (etwa das Mammut) an den Klimaveränderungen, welche die Flut mit sich brachte, untergegangen sein.

Die Bibel lässt tatsächlich keine wesentlich andere Erklärung für das Aussterben von Tierarten zu. Denn nicht allein das 1. Mosebuch, sondern auch das Neue Testament sagt uns unmissverständlich, dass der Tod erst mit der Sünde des Menschen in die Schöpfung kam:

«Gleichwie durch *einen* Menschen die Sünde in die Welt gekommen ist und durch die Sünde der Tod (...) der Tod herrschte *von Adam an* (...)» (Römer 5,13+14).

28. War Melchisedek ein gewöhnlicher Mensch?

In 1. Mose 14,18–20 und in Hebräer 6,20 und 7,1–4 heisst es von Melchisedek, dass er ein Priester und ein König, und dass er «ohne Vater, ohne Mutter» sei, «weder Anfang der Tage noch Ende des Lebens» habe. Ist das ein himmlisches oder ein irdisches Wesen?

Wenn wir 1. Mose 14,18–20 lesen, sehen wir in Melchisedek nichts anderes als einen gewöhnlichen Menschen. Es heisst dort von ihm:

«Melchisedek aber, der König von Salem, brachte Brot und Wein heraus, er war ein Priester des höchsten Gottes.»

Wir haben keinerlei Anlass, in ihm etwas anderes als einen menschlichen König zu sehen, der genauso Mensch war wie alle andern in diesem Kapitel mit Namen und Stadt erwähnten Könige.

In Hebräer 7 stehen tatsächlich die in der Frage angeführten Worte, die wir nicht auf einen Menschen anwenden können; denn welcher Mensch wäre «ohne Vater, ohne Mutter» und hätte «weder Anfang der Tage noch Ende des Lebens»?

Nun geht es im Hebräerbrief ja beim Priester *nach der Ordnung* Melchisedeks um den himmlischen Hohenpriester Jesus Christus, den menschgewordenen Gottessohn. Dieser hat «weder Anfang der Tage noch Ende des Lebens», denn er ist der Ewige. Aber nicht einmal von ihm könnten wir sagen, er sei «ohne Mutter», denn der *Mensch* Jesus – und es geht beim Hohenpriester ja um den, der Mensch werden musste, um ein barmherziger und treuer Hohepriester zu sein (Hebräer 2,17) – wurde von einer menschlichen Mutter geboren. Somit wäre auch deutlich, dass Melchisedek selbst, der damals Abraham entgegenging, *nicht* Christus war.

Die Lösung der Schwierigkeit liegt in der kleinen, oft übersehenen Wendung «dem Sohne Gottes *verglichen*» (Hebräer 7,3). Melchisedek ist ein *Gleichnis*, ein *Bild* auf den Sohn Gottes, aber nicht der Sohn Gottes selbst. Weil Melchisedek später ein solches Bild sein sollte – das wird Mose nicht gewusst haben, als er sein Buch schrieb, aber der Geist, der ihn inspirierte, wusste es –, wird er im historischen Bericht von 1. Mose 14 entsprechend dargestellt.

Er erscheint, ohne dass etwas über seine Herkunft *gesagt* wird, und ohne dass von ihm, wie sonst gerade in diesem Buch üblich (Kapitel 5; 10; 11; 36), ein Geschlechtsregister geboten würde. So hat er in der von

Mose gegebenen *Darstellung* weder Vater noch Mutter. Wir lesen auch nicht von seiner Geburt, also vom Anfang seiner Tage, noch von seinem Tod, wiewohl gerade diese beiden Dinge in 1. Mose bei wichtigen Persönlichkeiten sonst nicht fehlen.

Dieses Fehlen der üblichen Angaben ist in der Tat auffällig. Aber sie müssen fehlen, damit Melchisedek später (Psalm 110, Hebräer 5; 6; 7) mit «dem Sohne Gottes verglichen» werden kann.

29. Was bedeutet «der Erstgeborene der Toten»?

In Offenbarung 1,5 wird Jesus «Erstgeborener der Toten» genannt. Vor ihm ist doch Henoch entrückt worden, und Mose und Elia erscheinen mit ihm auf dem Berg der Verklärung. Und vor der Auferstehung Jesu wurden doch der Jüngling zu Nain, die Tochter des Jairus und Lazarus auferweckt?

Beginnen wir mit Henoch: Henoch starb nie, sondern wurde lebendig entrückt (1. Mose 5,21–24), daher sagt sein Schicksal nichts über die Auferstehung der *Toten* aus; das gleiche gilt für Elia (2. Könige 2).

Mose «erschien ihnen», d.h. den Jüngern, auf dem Berg der Verklärung (Matthäus 17,3). Gott zeigte damit den Jüngern in einem Gesicht, wie Mose an einem *zukünftigen* Tag, nämlich am «Tag der Macht und der Wiederkunft unseres Herrn» (2. Petrus 1,16), verherrlicht werden sollte, er war aber noch nicht auferweckt.

Das Töchterlein des Jairus (Markus 5,41+42), der Jüngling von Nain (Lukas 7,14+15) und Lazarus (Johannes 11,43+44) wurden tatsächlich vor der Auferstehung Jesu auferweckt, aber nur zu *natürlichem*, das heisst, zu *sterblichem* Leben. Alle drei mussten später wieder sterben. Als der Herr auferstand, war er der Erste, der aus dem Grab zu *unverweslichem*, zu ewigem Leben auferstand.

In der Weise ist Jesus Christus tatsächlich der «Erstgeborene der Toten» (Offenbarung 1,5) oder «aus den Toten» (Kolosser 1,18). Er ist der erste und einzige Mensch, der den Tod auf ewig überwunden hat; und weil er ihn überwunden hat, haben auch wir, wenn wir uns ihm anvertraut haben, teil an seiner Auferstehung zum ewigen Leben (Johannes 5,24–29;1. Thessalonicher 4,14).

«Erstgeborener» ist aber nicht nur ein Ausdruck, der ein *zeitliches Verhältnis* bezeichnet, sondern es ist vielmehr ein Ehrentitel, der vom *persönlichen Vorrang* des Betreffenden spricht. David war der *siebte* in der Reihe seiner Brüder, und er war gewiss nicht der erste König, der je regiert hatte, und doch machte ihn Gott zum «Erstgeborenen» (Psalm 89,28).

So ist der Herr Jesus auch der Erstgeborene im Sinne von «der Oberste», «der Höchste». Darum sagt ja gerade Offenbarung 1, dass er der Fürst der Könige der Erde ist, und hebt Kolosser 1 hervor, dass er in allem den Vorrang hat.

Jesus Christus ist uns in Tod und Auferstehung vorangegangen, und er wird unter allen, die einst zu ewiger Herrlichkeit auferstanden sind, den Vorrang haben. Das bedeutet sein Titel «der Erstgeborene der Toten».

30. «Das Reich Gottes ist mitten unter euch»

In Lukas 17,21 steht: «Das Reich Gottes ist mitten unter euch.» Ich verstehe das so, dass dort, wo Jesus ist, das Reich Gottes ist. Dort, wo zwei oder drei in seinem Namen versammelt sind, ist er unter ihnen. Ist das richtig?

Die berühmte Stelle von Lukas 17,21 ist tatsächlich oft falsch verstanden und auch viel missbraucht worden. Es ist völlig richtig, dass der Herr hier sagt, dass dort, wo er ist, das Reich Gottes ist. Mit ihm, dem König des Reiches, kam auch sein Reich. Als er unter den Juden stand und mit ihnen redete, war das Reich Gottes zu ihnen gekommen.

Seit der König des Reiches zum Vater zurückgekehrt ist, ist er aber dennoch inmitten von zweien oder dreien, die sich in seinem Namen versammeln, gegenwärtig. «In seinem Namen» heisst natürlich mehr als ein blosses Lippenbekenntnis. Es geht darum, dass man sich *im Glauben* an ihn und *im Gehorsam* an sein Wort versammelt, um ihm zu dienen, auf sein Wort zu hören, zu ihm zu beten. Wer das tut, weiss, dass der König des Reiches Gottes unter ihnen ist.

Auf keinen Fall aber bedeutet diese Stelle, das Reich Gottes sei «inwendig in uns». So haben es leider einige Bibelübersetzungen wiedergegeben, und daraus hat man dann ableiten wollen, Gott wohne in jedem Menschen. Man müsse nur in sich hineinschauen, sich in die Tiefen seiner eigenen Seele versenken, und dort würde man dann Gott und sein Reich finden.

Diesbezüglich ist die Bibel überdeutlich. Sie sagt, dass «in mir nichts Gutes» wohnt (Römer 7,18), dass «von innen, aus dem Herzen der Menschen» Lüge, Heuchelei, Neid, Gier, Hass und Mord kommen (Markus 7,21+22).

In Lukas 17,20 wollten einige Pharisäer vom Herrn wissen, wann denn das Reich Gottes käme. Als er ihnen in 17,21 antwortete, das Reich Gottes sei mitten unter ihnen, rügte er indirekt ihren Unglauben. Es war ja schon gekommen; in seiner Person war es schon gegenwärtig. Was warteten sie da noch auf grosse äusserliche Manifestationen?

31. «Bewahren vor der Stunde der Versuchung»

Im Sendschreiben an die Gemeinde in Philadelphia sagt der erhöhte Herr: «Weil du das Wort vom Harren auf mich bewahrt hast, will auch ich dich bewahren vor der Stunde der Versuchung die über den ganzen Erdkreis kommen wird.» Bedeutet das, dass die gläubige Gemeinde vor den kommenden Gerichten weggenommen wird? Im griechischen Text steht doch: «... will auch dich bewahren heraus aus der Stunde...» Das hiesse doch, dass die Gemeinde mindestens ein Stück weit in die Trübsalszeit eingeht und erst daraus errettet wird. Könnte es sein, dass der Urtext sinngemäss eher «in» als «vor» meint?

Der Ausdruck, den der Herr in Offenbarung 3,10 verwendet, lässt die Übersetzung «in der Stunde der Versuchung» nicht zu; dann müsste im Griechischen *en*, nicht *ek* stehen. Die Gemeinde, die «das Wort des Harrens auf» Jesus Christus bewahrt hat, die also bis zuletzt auf sein Kommen gewartet und ihm daher die Treue gehalten hat, wird von ihm bewahrt werden. Er wird sie aus der «Stunde der Versuchung» heraushalten.

Allerdings sagt diese Stelle nicht, was genau mit der «Stunde der Versuchung, die über den Erdkreis kommen soll», gemeint ist: ob die ganzen sieben Jahre noch ausstehender Gerichtszeit oder erst die zweite, die schlimmere Hälfte derselben.

Aus gesamtbiblischen Überlegungen heraus, aufgrund des gesamten Heilsplanes Gottes und der Bedeutung und Bestimmung der christlichen Gemeinde, scheint mir der Schluss fast zwingend, dass Gott die Gemeinde zu sich nehmen wird, bevor die vom Propheten Daniel angekündigten letzten sieben Jahre für sein Volk, für Israel, anbrechen werden (Daniel 9,24–27). Weil diese Zeit dem *Volk Daniels* bestimmt ist, meine ich, dass die aus allen Völkern berufene Gemeinde Jesu Christi nicht durch diese Zeit geht. (Siehe ausführlichere Erklärungen dazu im Buch «Geöffnete Siegel».)

32. Sind alle Araber Nachkommen Ismaels?

Stammen alle Araber historisch gesehen aus der Linie Abraham–Hagar? Geht somit die ganze Fehde zwischen Israel und den Arabern auf einen gewissen Ungehorsam Abrahams zurück?

Heute nennen sich sehr viel mehr Menschen «Araber», als wirklich Nachfahren Ismaels sind. Mit dem Aufkommen des Islam breitete sich das Arabertum in ganz Nordafrika bis Marokko und im Nahen Osten aus. Dabei vermischten sich die Araber mit den einheimischen Bevölkerungen. Darum kann man nicht sagen, alle Araber stammen aus der Linie Abraham–Hagar. Wohl trifft das aber auf die ursprünglichen Araber zu, so dass man doch sagen kann: Ohne Ismael hätte es kein arabisches Volk gegeben, ohne dieses keinen Islam und damit auch keinen arabisch-islamischen Kulturraum.

Es lässt sich daher mit einem gewissen Recht sagen, dass der über hundert Jahre alte zunächst arabisch-jüdische und seit 1948 arabisch-israelische Konflikt um Palästina auf Abrahams Tat des Unglaubens zurückgeht, ebenso, wie das Kommen des Erlösers auf seinen Glauben zurückgeht; denn Abraham glaubte an den Gott, «der die Toten lebendig macht, und der das Nichtseiende ruft, wie wenn es da wäre (...) und nicht schwach im Glauben, sah er nicht seinen eigenen, schon erstorbenen Leib an, da er fast hundert Jahre alt war, und das Abgestorbensein des Mutterleibes der Sarah, und zweifelte nicht an der Verheissung Gottes durch Unglauben, sondern (...) war der vollen Gewissheit, dass er, was er verheissen habe, auch zu tun vermöge» (Römer 4,17–21).

Als Antwort auf seinen Glauben schenkte ihm Gott Isaak, und Isaak zeugte Jakob, Jakob Juda, aus dessen Nachfahren der Messias kam (Johannes 4,22).

Verkehrt wäre natürlich der Schluss, Abraham sei schuld an allen Kriegen zwischen Arabern und Israel. Eine gewisse Parallele ergibt sich aus dem Sündenfall: Weil Adam sündigte, werden wir mit einer sündigen Veranlagung geboren (Römer 5,12 ff.); aber *dass* wir sündigen und vor allem, dass wir in der Sünde verharren, ist nicht Adams, sondern unsere Schuld.

33. Was bedeutet «El Schaddai»?

El Schaddai wird in den deutschen Bibelausgaben mit «Gott, der Allmächtige» übersetzt. Ich habe gehört, dass es nicht ganz das bedeute. Was ist denn die eigentliche Bedeutung?

Der hebräische Gottesname *El* (Gott) *Schaddai* kommt im Alten Testament 48mal vor, am häufigsten im Buch Hiob. Erstmals erscheint der Name in 1. Mose 17,1. *Schaddai* wird in den deutschen Übersetzungen mit «allmächtig» übersetzt. Ähnlich deuteten bereits die vorchristlichen jüdischen Übersetzer des Alten Testaments den Namen, als sie ihn mit dem griechischen *pantokrator*, «Allherrscher», wiedergaben.

Wie der Name zu erklären ist, ist umstritten. Die alten Rabbiner fassten ihn als *schä*, «der, welcher», *dai*, «genügt», auf. *El Schaddai* wäre dann mit «Gott, der allem Genügende», zu übersetzen, eine gewiss zu seiner dem Erzvater Abraham gewährten Offenbarung passende Selbstbezeichnung Gottes.

Andere haben versucht, den Namen vom babylonischen Wort *schadu*, Berg, abzuleiten, in der Meinung, der Gott Abrahams sei ursprünglich eine Berggottheit gewesen. Diese Idee können wir getrost abschreiben, da der Gott der Bibel der Schöpfer Himmels und der Erde ist, nicht eine an einen Teil der Schöpfung, an einen «heiligen Ort», eine Stadt oder einen Stamm gebundene Gottheit.

Wir lesen in 1. Könige sogar davon, dass Gott dem gesetzlosen König Ahab darum einen abermaligen Sieg über die Syrer gewährte, weil diese gemeint hatten, der Gott der Hebräer sei ein Berggott, weshalb sie die Israeliten in der Ebene gewiss würden bezwingen können (1. Könige 20,23+28).

Das eben Gesagte schliesst freilich nicht aus, dass eine Verwandtschaft zwischen der hebräischen und der babylonischen Wortwurzel besteht. Heisst nun babylonisch *schadu* Berg, dann wäre die Grundbedeutung der entsprechenden Wortwurzel etwa «hoch, erhaben sein». Hoch ist, wer mehr Macht und Kraft besitzt als andere.

«Mächtig, stark sein» scheint die Grundbedeutung des hebräischen Zeitwortes *schadad* zu sein, das im biblischen Hebräisch «zerstören, verwüsten» bedeutet. Es hat das Verb also in dem Sinn eine Bedeutungsverengung erfahren, als es nur noch für die Kraft verwendet wird, die sich in Krieg und Zerstörung äussert. Nun ist Gott natürlich nicht «der

Verwüster»; wenn wir aber von der Grundbedeutung des Verbs ausgehen, wäre *El Schaddai* der starke, der mächtige Gott.

Wichtiger als die sogenannte Etymologie, die Erklärung der Herkunft, eines Wortes, ist *der Gebrauch* desselben. Das gilt für alle Wörter in allen Sprachen. Das griechische Wort *sophron* bedeutet – dem Gebrauch nach – «vernünftig». Der Herkunft nach hiesse es wörtlich «gesundes Zwerchfell habend», was einigen Aufschluss darüber geben kann, wo man sich in griechischer Vorzeit den Sitz des Verstandes dachte. Aber um zu wissen, was das Wort bedeutet, müssen wir uns fragen, wie es verwendet wird, in welchem Zusammenhang es auftritt.

34. Widerspruch zwischen Johannes 5,22 und 12,47?

Mir scheinen die folgenden Aussagen widersprüchlich:
«Denn der Vater richtet niemanden, sondern hat alles Gericht dem Sohn übergeben» (Johannes 5,22).
«Wer meine Worte hört und bewahrt sie nicht, den werde ich nicht richten, denn ich bin nicht gekommen, dass ich die Welt richte, sondern dass ich die Welt rette» (Johannes 12,47).
Wie sind diese Verse zu verstehen?

In Johannes 12,47 spricht der Herr vom Grund seines Kommens in die Welt. Er, der Herr der Herren und König der Könige, kam als Mensch in Niedrigkeit, um durch sein Leben und Sterben die Grundlage der Vergebung der Sünden und damit der ewigen Errettung zu legen. Als er kam, lud er alle Menschen ein, an ihn zu glauben, zu ihm zu kommen und so gerettet zu werden. Diese Einladung ergeht bis zum heutigen Tag an die Menschen.

Es wird aber der Tag kommen, an dem Gott die Welt richten wird (Römer 3,6). Paulus sagt sogar, dass dies *gemäss dem Evangelium* geschieht (Römer 2,14): Wer nicht an den Menschensohn glauben wollte, der kam, um zu suchen und zu retten, was verloren ist (Lukas 19,10), wird vom Menschensohn gerichtet werden, wenn er wiederkommt. Von diesem Gericht spricht Johannes 5,22. Es liegt also kein Widerspruch vor. 12,47 bezieht sich auf das *erste*, 5,22 auf das *zweite* Kommen Jesu.

Jetzt ist noch Zeit, sich retten zu lassen, noch ist «der Tag des Heils» (2. Korinther 6,2). Er geht aber bald zur Neige. Darum wollen wir glauben, solange es «heute» heisst (Hebräer 3,13). Der Prophet Jesaja mahnt: «Sucht den Herrn, *solange* er sich finden lässt, ruft ihn an, *während* er nahe ist!» (55,6). Der Prophet Amos ruft uns auf: «Bereite dich, deinem Gott zu begegnen!» (4,12).

35. Warum spricht Jesus Christus kaum von Erlösung aus Gnade?

Mich beschäftigt seit längerem die Frage, warum Jesus Christus – im Gegensatz zu Paulus – die Erlösung aus Gnade in seinen Reden kaum erwähnt. Die Unterredung mit Nikodemus (Johannes 3) ist eine der wenigen Stellen, die darauf hinweist. Demgegenüber gibt es mehrere Jesusworte, die sehr «gesetzlich» klingen. Der reiche Jüngling stellte eine ähnliche Frage wie Nikodemus (Lukas 18,18–27), aber er erhielt eine ganz andere Antwort. Weitere solche Stellen sind Matthäus 7,21 und Matthäus 25,35–40 (vom Weltgericht). Die Rechtfertigung allein aus dem Glauben ist doch eine zentrale Wahrheit. Wieso kommt das in den Reden Jesu nicht klarer zum Ausdruck?

Die gemachte Beobachtung zeigt, wie die Evangelien dem Wesen nach noch Altes Testament sind (obwohl sie im Neuen Testament stehen). Einzig im Johannesevangelium finden sich zahlreiche Aufforderungen des Herrn, zu glauben, um so das Leben zu empfangen: 5,24; 6; 11,25+26; 14,1; aber von Gnade als Weg der Errettung spricht er noch nicht. In den ersten drei Evangelien finden wir Äusserungen des Herrn, die wir erst im Licht der Lehre der Apostel als Hinweise auf Vergebung und Empfang des ewigen Lebens durch Glauben verstehen, so wie wir auch den Glauben Abrahams und Davids (Römer 4,1–8) erst rückblickend begreifen.

Als der Herr dem reichen Jüngling sagte, er solle seine Habe verkaufen und den Armen geben, wollte er diesem nur deutlich machen, dass er die Gebote eben doch nicht hielt, obwohl er das von sich meinte. Er hing an seinem Besitz, liebte diesen also mehr als Gott und sein Wort. Das sollte er erkennen und vor Gott als Sünde bekennen. Denn bevor wir die Gnade verstehen und annehmen können, müssen wir unsere Sündhaftigkeit erkennen. Darum ging es bei der Aufforderung Jesu an den Jüngling.

Nikodemus hatte ein etwas anderes Problem als der Jüngling. Seine Not war nicht, dass er an seinem Besitz hing, sondern dass er sein ganzes Wesen noch vollständig verkannte. Ihm musste der Herr zeigen, dass er in all seiner Religiosität als Kind Adams noch so weit vom Reich Gottes entfernt war, dass er es nicht einmal sehen konnte (Johannes 3,5). Daher hatte er eine neue Geburt nötig, die ihm ein neues Herz und ein neues Wesen geben würde (vgl. 2. Petrus 1,4).

Bei Matthäus 25,35–40 müssen wir beachten, dass der Herr von seinen «Brüdern» spricht. Wer diese *sind*, und woran man diese *erkennt*, hat er in diesem Evangelium bereits gesagt (12,50). *Wie* man freilich Eingang findet in die Familie Gottes, das sagt er hier nicht. Es wird in Matthäus 7 *angedeutet*, aber nicht mehr als das. Erklärt wird es in knappster Form in Johannes 1,12+13 und in aller Ausführlichkeit in den ersten acht Kapiteln des Römerbriefes (siehe 8,14–17).

In der ganzen Bergpredigt hat der Herr die Errettung aus Gnade nicht allein verschwiegen, sondern er hat mehr noch das Gesetz Moses *verschärft*. Seine Reden, von denen wir in den Evangelien lesen, dienten zu einem grossen Teil der *Vorbereitung* auf die Gnade, die erst nach seinem Tod, seiner Auferstehung, seiner Himmelfahrt und der Gabe des Heiligen Geistes an Pfingsten im vollen Umfang und in ihrer ganzen Tiefe verkündigt und gelehrt werden sollte.

36. Wie kann der Bruder, für den Christus gestorben ist, ins Verderben kommen?

1. Korinther 8 spricht von Essen, das dem Bruder zum Anstoss werden kann. Der Vers 11 macht mich stutzig: «Und so wird über deinem Wissen der Schwache ins Verderben kommen, der Bruder, um des willen doch Christus gestorben ist.» Muss ich annehmen, dass dieser «Bruder» noch gar nicht wiedergeboren ist, da den Wiedergeborenen ja nie mehr etwas endgültig vom Vater trennen kann?

In 1. Korinther 8 geht es um die Frage, ob man denn bei den Opfermahlzeiten der heidnischen Tempel mitessen durfte. Dabei sagt Paulus, dass es nur einen Gott und Schöpfer gibt, dass daher alles Fleisch von ihm geschaffen ist und gegessen werden darf. Wenn ich diese Erkenntnis habe, kann ich von aller Sorte Fleisch getrost essen. Der Glaubende muss aber auf *andere* Rücksicht nehmen: auf das Gewissen des Glaubensbruders, seiner Mitmenschen (Kapitel 10). Es haben nämlich nicht alle diese Erkenntnis und die sich daraus ergebende Freimütigkeit.

Wenn ich meine Freiheit aber rücksichtslos gebrauche, kann ich dem, der sich über das Essen von Fleisch, das Götzen geopfert worden ist, ein Gewissen macht, in verhängnisvoller Weise zum Vorbild werden: Er ahmt mich nach und handelt damit *gegen sein Gewissen* und sündigt folglich (Römer 14,13+23).

Er fällt in Sünde, das Gewissen klagt ihn an, seine Gemeinschaft mit Gott ist zerstört. So «kommt der Schwache um». Heisst das, dass er auf immer verloren geht? Lehrt das Neue Testament, dass ein «Bruder», ein Kind Gottes also, das ewige Leben verliert, wenn er sich einmal dazu verleiten lässt, gegen sein Gewissen zu handeln? Wenn dem so wäre, könnte kein Mensch gerettet werden; denn dann wäre entgegen Epheser 2,8–10 die Errettung nicht mehr aus Gnade, sondern aus menschlicher Leistung.

«Der Schwache kommt um» bedeutet, dass er *keine Gemeinschaft* mehr mit Gott hat, also geistlich wie ein Toter ist. Wenn er aber seine Sünde, dass er nicht auf Gott, sondern auf Menschen geschaut hat, dass er nicht im Glauben, sondern im Unglauben gehandelt hat, bekennt, vergibt Gott (1. Johannes 1,9), und die Gemeinschaft mit dem Vater ist in vollkommener Weise wiederhergestellt.

37. Erhalten alle Menschen einen Auferstehungsleib?

Nach Philipper 3,21 erhalten die Glaubenden bei der Wiederkunft des Herrn einen Herrlichkeitsleib. Kann man annehmen, dass Ungläubige beim Erscheinen zum Gericht (Offenbarung 20,11ff.; Johannes 5,28+29; Matthäus 10,28) auch einen Auferstehungsleib erhalten?

In Offenbarung 20,12+13 steht tatsächlich, dass alle Toten auferstehen werden zum Gericht. Auch die Stelle in Johannes 5 spricht ganz deutlich davon, dass nicht nur die Gläubigen, sondern auch die Ungläubigen auferstehen. Daniel sagt in seinem Buch, dass von denen, «die im Staube schlafen», die einen «zu ewigem Leben, die andern zu Schmach, zu ewigem Abscheu» auferstehen werden (Daniel 12,2). Empfangen nun die Gläubigen bei der Auferstehung einen Leib, dann besteht gar kein Grund, dass die Ungläubigen keinen empfangen sollten. Das müsste sonst eigens hervorgehoben werden. Ein von Paulus verwendeter Vergleich bestätigt diese Wahrheit. Er vergleicht den menschlichen Leib mit einem Samenkorn. Wie zu jedem Samenkorn eine ganz bestimmte Pflanze gehört, so auch zu jedem Menschenleib ein ihm entsprechender Auferstehungsleib (1. Korinther 15,35–45). Er beschliesst den Gedankengang mit dem Satz: «Gibt es einen natürlichen Leib, so auch einen geistigen.»

Das Sichtbare hat also offenkundig eine Analogie in der unsichtbaren Welt. Der Mensch ist nicht nur Geist, sondern auch Leib. Wenn es in dieser Welt keinen Menschen ohne Leib gibt, dann auch in der jenseitigen Welt nicht.

38. Woher stammt die Weissagung Henochs im Judasbrief?

Der Judasbrief spricht in Vers 14 von einer Weissagung des Henoch, von der man im Alten Testament nichts liest. War Judas im Besitz irgendwelcher apokrypher Bibelteile?

Es gibt zwei Möglichkeiten, die Weissagung Henochs im Judasbrief zu verstehen. Judas spricht von Henoch, der im Geschlechtsregister von 1. Mose 5 als «der siebente von Adam an» auftritt. Was er über Henoch schreibt, steht dort nicht, kann ihm aber direkt von Gott eingegeben worden sein.

Die andere, meines Erachtens näherliegende Erklärung, ist die folgende: Es findet sich eine sehr ähnliche Aussage im spätjüdischen, aus dem 2. Jh.v.Chr. stammenden apokalyptischen Werk «Buch Henochs», das aber niemand je als zur Heiligen Schrift gehörig angesehen hat. Dass die Quelle, aus der Judas in diesem Fall zitiert, nicht biblisch ist, braucht uns nicht über Gebühr zu verwundern.

An drei Stellen zitiert der Apostel Paulus aus Schriften von heidnischen griechischen Autoren: in Apostelgeschichte 17,28 *Aratus aus Sizilien*, aus dessen Schrift «Die Himmelskörper»; in 1. Korinther 15,33 den athenischen Komödiendichter *Menander*; in Titus 1,12 *Epimenides von Kreta*. Damit hat Paulus diese Autoren nicht etwa legitimiert; er kann sie aber anführen, wo sie etwas Zutreffendes geäussert haben. Das Entsprechende gilt für die Weissagung Henochs, die Judas in seinem Brief verwendet.

39. Welche Bedeutung hat das Handauflegen?

Im Alten Testament spielte die Handauflegung im Zusammenhang mit dem Opferdienst eine wichtige Rolle (3. Mose 3,2+8+13; 4,4+15+24+ 29 etc.).

Wo liegt der Zusammenhang zur Handauflegung im Neuen Testament, wo sie nichts mehr mit dem Opferdienst zu tun hat, sondern eher mit Heilungen (Markus 6,5; Apostelgeschichte 28,8) und der Aussendung von Missionaren (Apostelgeschichte 13,2+3)? Wie ist zudem die Warnung vor zu eilfertigem Handauflegen zu verstehen (1. Timotheus 5,22)?

Als der Opfernde dem Opfertier die Hände auflegte, machte er sich mit diesem eins. Wenn er seine Sünden bekannte und seine Hände auf das Sündopfer legte, sagte er gewissermassen: Meine Sünde ist jetzt auf das Opfertier übertragen worden; der Tod des Stellvertreters ist mein Tod. Der Grundgedanke, der alle Fälle von Handauflegung miteinander verbindet, ist die *Identifikation* der beiden Beteiligten.

Wenn wir das beachten, verstehen wir die neutestamentliche Handauflegung. Als der Herr Jesus Kranken die Hände auflegte, sagte er damit, dass er gekommen war, um sich mit dem gefallenen Menschen zu identifizieren, um schliesslich in seinem Tod dessen Krankheiten zu tragen und zu sterben (Matthäus 8,17). Wir können nicht für die Sünden anderer büssen, aber dennoch bedeutet die Handauflegung beim Gebet für den Kranken (Markus 16,18) Identifikation. Der Betende identifiziert sich mit der Not des Kranken, und er tritt für ihn vor Gott ein.

Bei der Aussendung von Missionaren bedeutet die Handauflegung ebenfalls Identifikation: Die Verantwortlichen einer örtlichen Gemeinde identifizieren sich mit den Ausgesandten (Apostelgeschichte 13,1–3). Sie sagen mit der Handauflegung: Wir machen uns mit eurem Werk eins. Wir stehen hinter euch, wir beten für euch, wir unterstützen euch. Aber ebenso seid ihr uns Rechenschaft über euer Ergehen und über den Fortgang des Werkes schuldig (Apostelgeschichte 14,27).

Das gleiche gilt für die Einsetzung von Gemeindeältesten. Timotheus wird im 1. Timotheusbrief angewiesen, nach strengen Kriterien zu urteilen (Kapitel 3), um nicht vorschnell durch Handauflegung jemand als Ältesten einzusetzen, der dann im Dienst versagen würde. Sollte er jemand verfrüht durch Handauflegung einsetzen, wäre er mitschuldig, wäre er an dessen Sünden mitteilhaftig (1. Timotheus 5,22).

Wichtig zu beachten ist, dass die Handauflegung nicht Kraft oder Leben vermitteln kann. Obwohl Paulus Älteste durch Handauflegung einsetzte, war es doch *Gott*, der sie eingesetzt hatte (Apostelgeschichte 20,28). Die Handauflegung war lediglich das äussere Zeichen, die Beglaubigung der von Gott auferlegten Verantwortung. Ebenso vermag keine Handauflegung zu heilen. Es ist immer Gott, der heilt; die Handauflegung ist lediglich das äussere Zeichen der Gemeinschaft, des Einsseins der Betenden vor Gott.

Die Apostel haben durch das Auflegen ihrer Hände nicht etwa den Heiligen Geist ausgeteilt. Das meinte der Zauberer Simon (Apostelgeschichte 8,18+19), und das passt ganz zu seiner von Zauberei und Machtgier zerrütteten Gesinnung. Es ist immer Gott, der den Heiligen Geist gibt (Johannes 14,16); er teilt überhaupt alle Gaben aus nach seinem Willen (1. Korinther 12,11). Das kann niemals ein Mensch tun.

Die Samariter empfingen den Heiligen Geist, als sie bereit waren, sich in die Gemeinschaft der Apostel zu stellen, sich öffentlich mit Juden – mit denen sie seit Jahrhunderten verfeindet gewesen waren – einzumachen (Apostelgeschichte 8,15–17). Damit unterstellten sie sich einer göttlichen, nicht einer menschlichen Forderung. Als Antwort auf ihren Gehorsam gab ihnen Gott seinen Geist (Apostelgeschichte 5,32).

40. Warum müssen unschuldige Kinder sterben?

Warum trifft der Tod junge Menschen, oft unschuldige Kinder? Und warum leben umgekehrt andere fast unendlich lang, die mit ihrem Leben nichts anzufangen wissen? Warum lässt Gott oft ausgerechnet Menschen sterben, die von ihren Mitmenschen noch sehr gebraucht werden?

Wie sollen wir den Tod unschuldiger Kinder mit der Liebe und Gerechtigkeit Gottes in Einklang bringen? Das ist gewiss nicht eine einfach zu beantwortende Frage, und viele haben sich über solche Probleme den Kopf zerbrochen. Wenn wir uns vertrauensvoll an Gott und an sein Wort wenden, werden wir aber Antworten bekommen, die unser Herz überzeugen.

Bedenken wir einmal, wer Gott ist und wer wir sind. Gott weiss alles, er überblickt den Anfang und das Ende aller Dinge. Wir hingegen sehen nicht über das Heute hinaus. Lässt nun Gott einen jungen Menschen sterben, dann hat er ihn damit möglicherweise vor noch grösserem Übel bewahrt, das dieser entweder selbst erlitten oder verursacht hätte. Wir lesen im 2. Buch der Könige vom vorbildlichen König Josia, der vorzeitig starb (2. Könige 23,29+30). Sein Tod war eine Tragödie, aber er bedeutete für Josia auch, dass ihm der Schmerz erspart blieb, den Untergang und die Zerstörung Jerusalems mit eigenen Augen mitansehen zu müssen. Gott hatte ihm sogar gesagt, er werde ihn vorher zu sich nehmen (2. Könige 22,20).

Dieses Beispiel genügt, um zu zeigen, dass der frühe Tod eines Menschen keineswegs bedeuten muss, er werde für seine Sünden bestraft.

Bedenken wir ferner, dass wir Wert und Sinn von allem, was in der Zeit passiert, erst dann erfassen, wenn wir es an der Ewigkeit messen. Der Herr Jesus lehrt uns, alles Zeitliche, wozu auch körperliche Gesundheit gehört, zur Ewigkeit in Beziehung zu setzen. Er sagt, es sei besser, hier und jetzt ein Krüppel zu sein, aber das ewige Leben zu finden als umgekehrt (Matthäus 5,29+30). Das gleiche lehrt uns die Geschichte vom reichen Mann und vom armen Lazarus (Lukas 16,19–25).

Dass Sterben nicht immer Unglück bedeuten muss, zeigt uns auch Paulus, wenn er sagt, dass er Lust habe abzuscheiden, um bei Christus zu sein (Philipper 1,23). Was aber wirklich ein Unglück ist, das Schlimmste, das uns überhaupt passieren kann, ist, das von Gott bereitete Heil zu verfehlen (Hebräer 2,1). Leben wir am Evangelium vorbei, dann ist das

Leben hier sinnlos, auch wenn wir 90 Jahre oder mehr gelebt hätten, und die Ewigkeit nichts als Pein.

Der frühe Tod eines Menschen muss also für den Betroffenen nicht immer ein Unglück sein; es kann im Gegenteil sogar ein besonderes Glück bedeuten. Und es kann darüber hinaus auch andern zum Segen sein. Stephanus starb im besten Alter und wurde dabei jählings aus einer segensreichen Arbeit herausgerissen. Warum liess Gott das zu? Was konnte das für einen Sinn haben? Ein Mann, der Zeuge seines Märtyrertodes war, wurde davon so beeindruckt, dass er später selbst zum Glauben an den Herrn kam, den Stephanus eben bezeugt hatte (Apostelgeschichte 7,58–60).

Die genannten Beispiele und das Eingeständnis unserer Beschränktheit lehren uns, dass wir nicht eilfertig über Sinn oder fehlenden Sinn von Ereignissen urteilen sollten, die wir nicht verstehen (1. Korinther 4,5). Vielmehr sollen wir uns bescheiden und dem vertrauen, der grösser ist als wir und der keine Fehler macht. Gott ist Liebe, Gott ist gerecht, Gottes Wege sind unausspürbar, und Gottes Weisheit kann von uns nicht ausgelotet werden (Römer 11,33–36).

41. Taufte Jesus, oder taufte er nicht?

Wie kann ich den (scheinbaren) Widerspruch zwischen Johannes 3,22 und Johannes 4,1+2 erklären? Hat der Herr Jesus selbst getauft oder nicht?

Zweimal sagt Johannes, dass Jesus taufte, und dann präzisiert er: «Jedoch taufte Jesus nicht selbst, sondern seine Jünger.» Jesus taufte also nicht eigenhändig, sondern überliess das den Jüngern.

In 3,22 sagt Johannes «Jesus taufte» in der Weise, wie wir sagen: «Karl der Grosse hat diesen Dom gebaut.» Auf römischen Bauwerken steht etwa *Imperator Augustus erexit*, «Kaiser Augustus baute dies». Jeder weiss nun, dass weder ein römischer Kaiser noch Karl der Grosse je einen Finger rührten, um ihre Bauwerke zu erstellen. Sie gaben andern den Befehl und liessen diese arbeiten.

Entsprechend verstehen wir, dass der Herr den Jüngern den Auftrag gab, und *sie* die von ihm befohlene Taufe ausführten. In dem Sinn «taufte Jesus», obwohl er nicht selbst taufte.

42. Hatte Isai sieben oder acht Söhne?

War David wirklich der siebte in der Reihe seiner Brüder? In 1. Samuel 16,10 steht: «Und Isai liess seine sieben Söhne vor Samuel vorübergehen.» Erst danach wird der Jüngste geholt, David. Er wäre somit der achte.
In 1. Chronika 2,13–15 werden aber mit David nur sieben Söhne Isais aufgezählt.

Zu Lebzeiten Davids muss Isai acht Söhne gehabt haben. Der Text in 1. Samuel 16 lässt sich nicht anders verstehen. Das Buch der Chronika wurde nach der babylonischen Gefangenschaft geschrieben. Als nun der Chronist die Geschlechtsregister in 1. Chronika 1–9 zusammenstellte, wird einer der acht Söhne Isais nicht mehr erwähnt, weil dessen Name inzwischen ausgestorben war. Es mag sein, dass er starb, bevor er hatte heiraten und Nachkommen zeugen können.

Isai hatte also tatsächlich acht Söhne; aber die Namen von nur sieben lebten weiter.

43. Die Schandtat von Gibea

Meiner Meinung nach haben alle biblischen Berichte eine wenn nicht mehrere Botschaften auch an den modernen Leser. Was soll ich aus der Darstellung der grausamen Schandtat von Gibea in Richter 19 lernen?

Die in Richter 19 beschriebene Schandtat von Gibea war so furchtbar, dass sie in Israel für alle nachfolgenden Zeiten sprichwörtlich blieb (Hosea 9,9; 10,9): Ein Levit gibt seine Nebenfrau dem Mutwillen der Männer der Stadt preis, welche sie so lange und so brutal schänden, dass sie vor Erschöpfung stirbt. Was lerne ich hieraus?

Auf der rein historischen Ebene ist das Kapitel ein Meilenstein auf dem jahrhundertelangen Niedergang der erwählten Nation, bevor sie aus dem Land vertrieben wurde. Auf einer anderen, der sittlichen und belehrenden Ebene, ist das Geschehen erstens eine Illustration für das sittliche Chaos einer regierungslosen Zeit; es ist in jenen Tagen kein König in Israel, wie im ersten Vers des Kapitels ausdrücklich gesagt wird.

Die Tatsache, dass ein Levit eine Nebenfrau hat, ist ein Zeichen der Degenerierung des israelitischen Glaubens und Gottesdienstes. Es ist auch ein allgemeiner Beweis der Lieblosigkeit. Die Leviten hätten als Diener am Heiligtum Vorbilder in Reinheit und Heiligkeit und Lehrer des Volkes sein sollen. Dass die Frau Ehebruch treibt und dafür mitsamt dem Ehebrecher *nicht* nach dem Gesetz Moses geahndet wird (3. Mose 20,10), zeigt, wie sehr das Gesetz ausser Kraft geraten war.

Die nicht vollstreckte Strafe an dieser einen führte letztlich zu einem Bürgerkrieg mit Zehntausenden von Toten (Richter 20). Somit lehrt mich diese Geschichte auch, dass es sich furchtbar rächt, wenn man Böses nicht straft; denn es breitet sich dann aus und schwillt ins Monströse an.

Die Tatsache, dass der Levit seine Frau den Männern der Stadt ausliefert, demonstriert die oben erwähnte Lieblosigkeit des Mannes seiner Frau gegenüber. Dabei ist der Mann von Gott gewiesen, seine Frau zu schützen, zu hegen und zu nähren, kurz: sie zu lieben (Epheser 5,28+29). Wahrlich ein trauriges Bild für den Niedergang ehelicher Liebe und Treue unter den Menschen gerade in unserer Zeit!

Die Männer, welche sich an der Frau vergreifen, zeigen, wie brutal der Mensch in der Erfüllung seiner Triebe werden kann. Wenn in der Sexualität diese wichtiger werden als die Beziehung zum Gegenüber, wie wir gerade in unseren Tagen erleben, sinkt der Mensch auf die Stufe des triebgebundenen Tieres ab.

Das sind einige Lektionen, die wir aus dieser Episode lernen.

44. Wer sind die Gefangenen in Epheser 4,8?

Paulus zitiert in Epheser 4,8 den Psalm 68,19. Wer sind die dort genannten Gefangenen?

Paulus spricht in Epheser 4 vom Wandel der Erlösten. Zuerst spricht er von der *Einheit* der Erlösten und ermahnt uns, die von Gott gewirkte Einheit zu wahren und auszuleben (Verse 2–6). Dann spricht er von der *Verschiedenheit* der Erlösten gemäss ihrer vom Herrn gegebenen geistlichen Begabung (Verse 7–16). Es gilt, diese Gabe im Dienst einzusetzen, damit die Gemeinde in Liebe zueinander und in Liebe zum Haupt der Gemeinde wächst.

In diesem Zusammenhang zitiert Paulus aus dem Psalm 68: «Er ist in die Höhe hinaufgestiegen und hat Gefangene gefangengeführt.» Solche, die gefangen waren, werden von Jesus Christus gefangengeführt. Wer sind diese?

Es sind Menschen, die einst Knechte, *Gefangene der Sünde* waren (Johannes 8,34). Der Sohn Gottes kam, um Gefangene in die Freiheit zu entsenden (Johannes 8,34+36; Lukas 4,18). Diese Freiheit heisst aber nicht *Autonomie*, sondern Befreiung von der Sünde, vom Gericht, vom Tod und Bindung an einen neuen Herrn und Meister: an den Sohn Gottes.

Wir sind als Erlöste Gefangene Jesu Christi geworden (Epheser 3,1). Er ist der grosse Siegesheld von Golgatha, der in dem gewaltigsten Ringen aller Zeiten den Feind Gottes und der Seelen niedergerungen und ihm seine Beute entrissen hat (Lukas 11,21+22; Jesaja 53,12). Seine Beute, die befreiten Menschenseelen, führt er wie ein heimkehrender Feldherr nach siegreicher Schlacht in seinem Triumphzug mit sich einher (2. Korinther 2,14).

Erinnern wir uns noch einmal an den Zusammenhang von Epheser 4: Es geht um Dienst. «Freigemacht von der Sünde, seid ihr Sklaven der Gerechtigkeit geworden», sagt Paulus in Römer 6,18. Wir sind Gefangene des Herrn geworden, um ihm und seinen Erlösten in der Gemeinde zu dienen.

45. Wie endete Judas Ischariot?

Zum Tod des Verräters Jesu, Judas Ischariot, habe ich zwei Varianten in der Bibel gefunden:
«Da warf er die Silberlinge in den Tempel, entfernte sich und ging hin und erhängte sich» (Matthäus 27,5).
«Von seinem Sündenlohn erwarb sich nun dieser ein Grundstück, stürzte kopfüber, barst mitten entzwei, und all seine Eingeweide traten heraus» (Apostelgeschichte 1,18).
Die beiden Berichte weisen grosse Unterschiede auf. Wie habe ich sie zu erklären?

Matthäus berichtet uns, wie Judas, verzweifelt aber unbussfertig, seine dreissig Silberlinge in den Tempel warf und hinging und sich erhängte. Vom Geld wurde ein Begräbnisacker gekauft, der den Namen «Blutacker» bekam, weil er mit Blutgeld erworben worden war. Wenn auch Judas den Kauf nicht selbst tätigte, so «erwarb» er sich doch indirekt das Grundstück: Der «grossartige» Lohn für seinen Verrat am Lebensfürsten war sein elender Tod auf dem Blutacker, den man mit seinem Geld kaufte.

Es gibt zwei grundsätzliche Möglichkeiten, die scheinbare Diskrepanz in der Todesart zu erklären: Die Sprache in der Apostelgeschichte kann im übertragenen Sinne zu verstehende Bildsprache für einen furchtbaren Tod sein: Judas sei kopfüber ins Verderben gestürzt und zugrunde gegangen. Wir können umgangssprachlich etwas derb auch auf deutsch sagen, jemand sei «krepiert», und damit meinen, jemand sei elendiglich umgekommen, nicht buchstäblich zerborsten, was das Wort ja eigentlich bedeutet.

Die andere Möglichkeit ist die, dass Judas sich an einem Baum erhängte, dass der Leichnam vom Ast brach und buchstäblich in jene Schlucht stürzte, an deren Rand die Tradition den Ort des Selbstmordes des Verräters lokalisiert. Auf diese Weise zerbarst er tatsächlich, so dass die Eingeweide austraten.

46. Sabbat und Endzeit

In Matthäus 24,20 sagt der Herr Jesus in der Endzeitrede: «Betet, dass eure Flucht nicht im Winter geschehe noch am Sabbat.» Wie soll ich das verstehen, da für die neutestamentliche Gemeinde das Sabbatgebot aufgehoben ist?

Wir müssen uns die Situation vergegenwärtigen, für die der Ausspruch getan wurde. Der Herr spricht zu seinen Jüngern, alles Juden, von der baldigen Zerstörung Jerusalems. Als die Stadt im Jahre 70 n.Chr. von römischen Truppen belagert wurde, waren viele an Christus gläubig gewordene Juden noch immer «Eiferer für das Gesetz» (Apostelgeschichte 21,20). Wir lesen auch im Römerbrief von solchen, die meinen, einen Tag vor den restlichen Tagen heilig halten zu müssen (Judenchristen), im Gegensatz zu den Heidenchristen, denen alle Tage gleich waren (Römer 14,5). Der Herr wusste, dass vielen jüdischen Christen die Flucht an einem Sabbat schwerfallen würde; sie würden sich des von ihnen noch heilig gehaltenen Tages wegen ein Gewissen machen.

In der Endzeit wird es wieder so sein: Jerusalem wird ein letztes Mal belagert werden, die dann an Christus Gläubigen und auf ihn wartenden Juden werden in diesem Kapitel vom Herrn gewiesen, die Stadt fluchtartig zu verlassen. Wieder würden sie in die gleichen Gewissensnöte kommen, sollte die Flucht an einem Sabbat notwendig sein. Gemäss jüdischer Tradition würden sie sich an die oberste Grenze des «Sabbatweges», ungefähr einen Kilometer (vgl. Apostelgeschichte 1,12; 2. Mose 16,29), gebunden fühlen, und das würde eine Flucht erschweren.

47. Warum beten wir zum Herrn Jesus?

Warum beten wir zu Jesus und nicht zum Vater? Die Jünger haben wohl bestätigt, dass Jesus Christus Gottes Sohn ist, aber sie haben ihn nicht angebetet. Jesus selber hat zu seinem und unserem Vater gebetet.

Jesus Christus hat ausschliesslich zum Vater gebetet, denn er konnte nicht zu sich selbst beten; und er lehrte uns ebenfalls, uns an den himmlischen Vater zu wenden. Aber wir beten dennoch auch zu Jesus Christus. Paulus nennt dies ein Kennzeichen der Christen, dass sie «an allen Orten den Namen unseres Herrn Jesus Christus anrufen» (1. Korinther 1,2).

Es ist nicht ganz richtig, dass die Jünger Jesus Christus nicht angebetet hätten. Denken wir an Stellen wie: «Die aber in dem Schiff waren, kamen und warfen sich vor ihm nieder und sprachen: Wahrhaftig, du bist Gottes Sohn!» (Matthäus 14,33). Sich vor jemandem niederwerfen und dieses Bekenntnis aussprechen, heisst doch wohl schon soviel wie jemanden anbeten. Und Thomas kapituliert vor dem Auferstandenen und ruft: «Mein Herr und mein Gott!» (Johannes 20,28).

Stephanus sieht den Himmel geöffnet und Jesus zur Rechten Gottes stehen, und bevor er stirbt, ruft er im Gebet zu dem Herrn, den er vor sich sieht: «Herr Jesus, nimm meinen Geist auf!» (Apostelgeschichte 7,55+56+59).

Fassen wir zusammen: Der Herr hat es nie abgewiesen, dass Menschen vor ihm niederfielen und ihm die Ehre erwiesen, die nur Gott zusteht. Die Jünger haben zu ihm gebetet, die Apostel haben in ihren Schriften dieses Gebet bestätigt. Da er doch «Gott geoffenbart im Fleisch» (1. Timotheus 3,16), «Der Herr aller Herren» (Offenbarung 19,16) ist, sollten wir da nicht auch zu ihm beten?

48. Was bedeutet: «Wer da hat, dem wird gegeben werden»?

Eine Stelle, die mir besonders Mühe bereitet, ist Lukas 19,11–26. Wenn diese Pfunde geistliche Gaben sein sollen, dann begreife ich nicht, wie man sie zur Bank bringen und Zins gewinnen kann. Vor allem Vers 26 ist mir schwer verständlich: «Wer da hat, dem wird gegeben werden; von dem aber, der nicht hat, wird auch das genommen werden, was er hat.» Hat demnach die Reagan- und Bush-Administration nicht ein biblisches Prinzip verfolgt? Dort werden nämlich die Reichen immer reicher und die Armen immer ärmer.

In einem Gleichnis werden Vergleiche angestellt, daher sind die Pfunde nicht buchstäblich zu verstehen. Und in Gleichnissen wird meist *eine* Grundwahrheit illustriert. Hier ist es die Verantwortung, mit allem, was uns der Herr gegeben hat, recht umzugehen; wir dürfen nicht jedes Detail des Gleichnisses deuten wollen.

Wer mit seiner geistlichen Gabe arbeitet, wer sie im Dienst einsetzt, der mehrt ihren Wert. Wer sie vollständig ignoriert, der verliert sie noch. Als der Herr sagte, es wäre noch besser gewesen, das Pfund auf die Bank zu bringen als zu vergraben, wollte er lediglich die unfassbare Torheit demonstrieren, die jener begangen hatte. Er wollte sicher nicht, dass wir uns fragen: Was bedeutet «die Bank» und was «der Zins».

Hier im Gleichnis wird dem untreuen Knecht das Pfund genommen und dem treuen gegeben. Damit will der Herr sagen: Wer die geistliche Gabe verantwortungsvoll einsetzt, wird immer mehr vom Geber aller Gaben empfangen. Wir dürfen hier sicher nicht eine Anweisung dafür sehen, wie der Reiche sich auf Kosten des Ärmeren bereichern dürfe. Alles Sammeln von Schätzen und Habsucht wird in der Bibel ausdrücklich verurteilt (Matthäus 6,19; 1. Timotheus 6,9). Und es wird der Reichere aufgefordert, von seinem Besitz dem Armen zu geben (1. Timotheus 6,18).

49. Wie alt ist die Erde?

Verschiedentlich wird eine «Zeittafel der alttestamentlichen Geschichte» aufgestellt. Darin kann man etwa lesen: Erschaffung Adams 4173 v. Chr. Ich kann mir jedoch nicht vorstellen, dass man die Erschaffung Adams auf das Jahr genau bestimmen kann. Ich glaube nicht, dass die Erde Jahrmillionen alt ist, aber nur etwas mehr als 6000 Jahre, das erscheint mir doch absurd.

Man kommt auf die genannte Jahreszahl zur Erschaffung Adams, indem man die Geschlechtsregister der Bibel auswertet. Wenn wir also in 1. Mose 5 und 11 von den Nachfahren Adams bis Abraham ihr jeweiliges Lebensalter angegeben finden, können wir von Abraham rückwärtsgehend Adam chronologisch fixieren. Wann Abraham lebte, lässt sich, vorausgesetzt, dass die alttestamentlichen Geschichtsbücher lückenlos über dessen Nachfahren bis zum Exil berichten, errechnen. Berühmt ist der irische Bischof *Jakob Ussher*, geboren in Dublin im Jahre 1581, der unter Zugrundelegung dieser genannten Voraussetzungen das Jahr der Erschaffung Adams berechnete. Auf ihn gehen alle später erschienenen biblischen Chronologien zurück.

Nun spricht nichts dagegen, dass Ussher recht haben sollte; im Gegenteil. Das Geschlechtsregister von Adam bis auf Abraham ist auf alle Fälle lückenlos, wird doch jedesmal gesagt, wie alt der Vater war, als er seinen Erstgeborenen zeugte, und wie lange er lebte. Das gleiche gilt für Isaak, Jakob und Joseph. In 2. Mose 12,40 wird ausdrücklich gesagt, dass die Kinder Israel 430 Jahre in Ägypten lebten, und über die Grundlegung des salomonischen Tempels sagt uns der Historiker, dass sie «im vierhundertachtzigsten Jahre nach dem Auszug der Kinder Israel aus dem Lande Ägypten, im vierten Jahre der Regierung Salomos» erfolgte. In den historischen Büchern Josua bis Chronika haben wir eine vollständige Chronologie bis zum babylonischen Exil. Im Exil wird dem Propheten Daniel ferner eine genaue Zeitangabe über das Kommen des Messias Israels gewährt (Daniel 9,24–27).

Die Bibel gibt uns selbst zu verstehen, dass sie die Geschichte vom ersten Adam, durch den die Sünde in die Welt kam, bis zum letzten Adam, der «erschienen ist zur Abschaffung der Sünde» (Hebräer 9,26), einen zeitlich lückenlosen und chronologisch zusammenhängenden Bericht gibt. Auch wenn da und dort einige Schwierigkeiten in der korrekten

Deutung einzelner Zeitangaben bestehen und daher geringfügige Unterschiede in verschiedenen biblischen Chronologien bestehen können, so kommen wir doch nicht umhin, dass Adam etwas mehr als 4000 Jahre vor der Geburt des Herrn erschaffen wurde.

Das bedeutet aber, dass die Erde ein junger Planet ist. Es gibt kein einziges geologisches oder paläontologisches Phänomen, das sich nicht unter den genannten Voraussetzungen befriedigend erklären liesse. Dass die Fossilien auf die Sintflut zurückgehen und nicht Milliarden von Jahren alt sind, ist die plausibelste Erklärung.

Es ist sicher bekannt, wie man landläufig das Alter von Versteinerungen bestimmt:

Man findet einen Ammoniten und sagt, der müsse 2,4 Milliarden Jahre alt sein. Woher weiss man das? Ja, das Gestein, in dem sich das Fossil fand, hat dieses Alter. Ach so. Und woher weiss man, dass das Gestein dieses Alter hat? Ja, es enthält eben Fossilien, die dieses Alter haben...

Der Leser mag denken, das sei eine schlechte Variante jenes Witzes, nach dem der Bahnhofvorsteher darum so sicher war, dass seine Uhr stimmte, weil er sie stets nach der Kirchenuhr richtete, und der Küster ebenso überzeugt war, dass seine Uhr die Zeit richtig anzeige, weil er sie ja immer nach der Bahnhofsuhr richtete. Aber es ist kein Witz, sondern handfeste Tatsache, dass man nach dieser stupenden Logik das Alter der Erde und ihrer Schichten bestimmt.

50. Wird der Antichrist ein Jude sein?

Immer wieder hört man in Predigten oder liest man in Büchern, dass der Antichrist ein Jude sein würde. Woraus kann man das so sicher schliessen? Die Bibel sagt doch nur, dass das «Tier» aus dem Meer kommen wird, während das zweite «Tier» aus der Erde aufsteigt. Das Meer symbolisiert doch das Völkermeer, wenn ich es richtig verstehe.

In Offenbarung 13 lesen wir von zwei Tieren. Das erste steigt aus dem Meer auf, und es hat Merkmale eines Löwen, Bären und Leoparden (V. 2). Gerade mit diesen drei ebenfalls aus dem Meer aufsteigenden Raubtieren vergleicht der Prophet Daniel die Weltreiche Babylon, Medo-Persien und Griechenland (Daniel 7,2–6). Das vierte und wildeste der von ihm beschriebenen Tiere (7,7–11) dürfte sich mit dem decken, das uns Johannes in Offenbarung 13,2 schildert: Es vereint die Merkmale aller vorangegangenen heidnischen Reiche in sich. Was Daniel sah, war das aus seiner Warte noch zukünftige antike Rom, das aber in seinem Gesicht bis zum Kommen des Messias zum weltweiten Gericht besteht. Damit wird deutlich, dass das antike Rom am Ende eine Wiedergeburt erleben wird. Dieses wiedererstandene römische Reich ist nun das Tier von Offenbarung 13,2. Es steigt aus dem Meer auf, weil es eine heidnische Macht sein wird. Es handelt sich also um ein Reich, das natürlich auch in einem Anführer verkörpert sein wird. Aber in erster Linie steht das Tier aus dem Meer für ein Reich, nicht für die Person, die ihm vorsteht.

Das zweite Tier von Offenbarung 13 steigt aus der Erde auf, und dieses steht in der Sprache der Propheten für das Land Israel. Es ist noch wichtig zu beachten, dass es sowohl im Griechischen als auch im Hebräischen für Erde und Land nur ein Wort gibt. Wenn nun der Jude sagt *ha-Arets*, «die Erde» oder «das Land», dann meint er fast immer das Land Israel. Aus diesem Land wird ein Tier hervorkommen, das dem Lamme äusserlich gleicht, aber eine andere Stimme hat (Offenbarung 13,11). Es gibt sich äusserlich wie der Messias, aber es ist ein Verführer, ein Sprachrohr des Drachen.

Der Prophet Daniel beschreibt diesen falschen König der Juden folgendermassen:

«Und der König wird nach seinem Gutdünken handeln, und er wird sich erheben und gross machen über jeden Gott, und wider den Gott der Götter wird er Erstaunliches reden; und er wird Gelingen haben, bis der

Zorn vollendet ist, denn das Festbeschlossene wird vollzogen. Und auf den Gott seiner Väter wird er nicht achten, und weder auf die Sehnsucht der Frauen noch auf irgend einen Gott wird er achten, sondern er wird sich über alles erheben. Und an dessen Statt wird er den Gott der Festungen ehren» (Daniel 11,36–38).

Diese Merkmale lassen sich in ihrer Gänze nur auf einen Juden beziehen, denn «der Gott der Väter» ist der Gott der Väter des jüdischen Volkes; mit diesem Titel reden nur Juden ihren Gott an. Er wird «auf die Sehnsucht der Frauen» nicht achten, d.h. auf den Messias, auf den Juden in allen Jahrhunderten gewartet haben und dessen Mutter zu sein, die Sehnsucht einer jeden gottesfürchtigen Jüdin war. «Der König» wird, wie Offenbarung 13 verdeutlicht, «den Gott der Festungen», das heisst die Kräfte und Mächte, die militärisch am stärksten sind, ehren, und das wird das Tier aus dem Meer sein, vor dessen Macht und Gewalt alle Welt in Schrecken und Anbetung versinken wird (Offenbarung 13,4).

Dass nun der Messias aus den Juden kommen musste, ist allgemein bekannt und steht unwiderlegbar fest. Der falsche Messias muss daher ein Jude sein; einen Nichtjuden würden die Juden nie akzeptieren. Der Messias sagte seinen Zeitgenossen, dass sie ihn, der im Auftrag Gottes kam, nicht annehmen wollten. Statt seiner würden sie am Ende der Tage einen anderen annehmen, der nicht von Gott gesandt ist (Johannes 5,43). Der Antichrist kommt als Jude, um die Juden zu verführen. Seine Macht wird er nicht Gott, sondern einer widergöttlichen Macht, dem ersten Tier, verdanken (Offenbarung 13,12). Damit ist er das exakte Gegenstück dessen, dem alle Gewalt im Himmel und auf der Erde von seinem Gott und Vater gegeben wurde (Matthäus 28,18), dessen, von dem übereinstimmend Daniel sagt, dass ihm von Gott «Herrschaft und Herrlichkeit und Königtum gegeben» wurde (Daniel 7,14).

51. Noch einmal: Wird der Antichrist ein Jude sein?

Wird der Antichrist ein Jude sein? Sie begründen Ihr Ja vor allem mit Daniel 11,37 (Antwort auf Frage Nr. 50 in diesem Buch). Paradoxerweise führe ich diese Stelle an, um das Gegenteil zu belegen! Der Kernpunkt ist natürlich folgender: Ist die richtige Übersetzung aus dem Urtext «auf den Gott seiner Väter» oder «auf die Götter seiner Väter wird er nicht achten»?

Es ist richtig, dass mein Argument von Daniel 11,37 fällt, wenn dort nicht vom «Gott der Väter», sondern von den «Göttern der Väter» die Rede ist. Wie muss nun übersetzt werden?

Der Satz steht in jenem Teil des Buches Daniel, der nicht aramäisch, sondern hebräisch ist, das fragliche Wort heisst *elohe abotaw*. *elohe* ist der sogenannte «constructus» der Mehrzahl *elohim*, was nun tatsächlich «Götter» bedeuten kann.

Nun ist es allgemein auch unter solchen, die kein oder nur sehr wenig Hebräisch können, bekannt, dass «Gott» im Hebräischen meistens ein grammatikalischer Plural ist. Es kommt auch die Einzahl *el* recht häufig vor (z.B. 1. Mose 21,33), und schon viel seltener eine andere Singularform *eloah* (z.B. Jesaja 44,8). Wir lesen bereits im ersten Satz der Bibel: *bereschit bara elohim*, «im Anfang schuf Gott». Wer von uns würde hier «Götter» übersetzen?

Der «Gott Israels» heisst immer *elohe jisrael*, also auch hier eine Mehrzahl, die kein Mensch je mit «Götter Israels» wiedergegeben hat.

Wir sehen also, dass der textliche und der syntaktische Zusammenhang darüber entscheidet, ob *elohim* mit «Götter» oder mit «Gott» zu übersetzen sei. Im Schöpfungsbericht macht es der Textzusammenhang klar, in der Fügung «Gott Israels» die Syntax. In 2. Chronika 25,14 lesen wir von König Amazja: «Da brachte er die *elohe bene se'ir* und stellte sie sich zu *elohim* auf», was aus dem Zusammenhang ganz deutlich wird. Es ist von «Göttern» der Kinder Seir, nicht von «Gott» die Rede. Oder wenn wir in 2. Mose 20,23 von *elohe käsäf* lesen, dann handelt es sich um «Götter» von Silber nicht um «Gott»; hier macht das Beiwort also die Syntax, die Sache klar.

Wie verhält es sich mit Daniel 11,37? Der Textzusammenhang vermag die Frage noch nicht zu entscheiden; mit beiden Übersetzungsmöglichkeiten ergibt sich – eine je verschiedene – sinnvolle Bedeutung. Wir müssen also die Fügung «Gott seiner Väter» untersuchen, und da fallen uns ohne Anstrengung reihenweise Belege ein, wo diese für den Gott Israels steht; hingegen findet sich in der ganzen Bibel kein einziger Beleg dafür, dass Heiden von «Göttern ihrer Väter» sprechen.

Hier nun einige Belegstellen: In 1. Mose 31,5+42 spricht Jakob vom «Gott meines Vaters», *elohe abi*, in 1. Mose 46,1 lesen wir vom *elohe abiw*, «Gott seines Vaters». Dort, wo Gott dem Mose im Dornbusch erscheint, sagt er: «Ich bin *elohe abicha*», der «Gott deiner Väter», und Mose soll dem Volk sagen *elohe abotechäm*, «der Gott eurer Väter» (2. Mose 3,6+13+15+16) sei ihm erschienen. In 1. Chronika 12,17 (in der hebräischen Bibel 12,18) spricht David von *elohe abotenu*, dem «Gott unserer Väter», in 2. Chronika 20,33 heisst es, das Volk habe sein Herz noch nicht auf *elohe abotehäm*, den «Gott ihrer Väter» gerichtet.

In sämtlichen hier angeführten Stellen ist das hebräische Wort für «Gott» in der Mehrzahl. Es spricht also alles dafür, dass *elohe abotaw* in Daniel 11,37 «der Gott seiner Väter», also der Gott des Volkes Israel ist.

Es ist ja tatsächlich so, dass die Errettung Israels in der kommenden Gerichtszeit von den Propheten mit der Errettung aus Ägypten verglichen wird (Jesaja 11,11+16; 52,12; 55,12; Hosea 12,10). Wie damals, so wird auch bei der kommenden grossen Befreiung «der Gott der Väter» (2. Mose 3) um seiner an die Väter Abraham, Isaak und Jakob gemachten Verheissungen willen Israel retten (3. Mose 26,45; Römer 11,26–9). In diesem Zusammenhang gewinnt natürlich dieses Charakteristikum des Antichristen erst sein wirkliches Gewicht: Er wird daran zu erkennen sein, dass er eben *nicht* auf den Gott der Väter achtet. Darum kann von seiner Seite ganz sicher keine Errettung erwartet werden.

52. Waren unter den Aposteln auch Frauen?

Stimmt es, dass der in Römer 16,7 genannte Apostel Junias eigentlich eine Frau war? Ich habe das kürzlich in einer Erklärung zu diesem Text gelesen, in dem man die Gleichberechtigung von Mann und Frau belegen wollte.

In Römer 16,7 lesen wir: «Grüsst Andronikus und Junias, meine Verwandten und meine Mitgefangenen, die unter den Aposteln ausgezeichnet sind, die schon vor mir in Christus waren.» Andronikus und Junias werden Apostel genannt. Ersterer ist eindeutig ein Mann. Junias ist zwar auch ein Männername, aber der Akkusativ *Junian*, den wir im Text vorfinden, könnte auf den Frauennamen *Junia* zurückgehen. Dass nun unter den Aposteln auch Frauen waren, ist eigentlich selbstverständlich, wir müssen nur beachten, dass wir unter «Apostel» das Richtige verstehen.

Im engeren Sinn gab es nur «die zwölf Apostel des Lammes» (Offenbarung 21,14), welche vom Sohn Gottes für eine einmalige heilsgeschichtliche Aufgabe (Epheser 2,20) besonders erwählt wurden.

Im weiteren Sinn wurden aber auch Leute wie Barnabas oder Silvanus oder Timotheus, welche als Missionare und Gemeindegründer arbeiteten, «Apostel» genannt. Wenn wir 1. Thessalonicher 1,1 mit 2,6 zusammennehmen und in Apostelgeschichte 16 nachlesen, stellen wir fest, dass Paulus mit «wir als Christi Apostel» sich selbst und Silvanus und Timotheus meint.

Im Grunde sind alle Christen «Apostel», nämlich gemäss der buchstäblichen Bedeutung des Wortes. Es bedeutet «Gesandter», und wir sind alle, die wir in Jesus Christus Vergebung der Sünden und ewiges Leben empfangen haben, «Gesandte an Christi Statt, indem Gott gleichsam durch uns ermahnt. Wir bitten für Christus: Lasst euch versöhnen mit Gott» (2. Korinther 5,20).

Wenn wir das berücksichtigen, wird die Frage, ob in Römer 16,7 von einer Frau Junia oder einem Mann Junias die Rede sei, eher bedeutungslos. Nehmen wir einmal an, Junia sei eine Frau gewesen, dann spricht Paulus hier von einem Ehepaar, das missionarisch lebte, das durch seinen Ernst und Eifer für andere ein Vorbild war: Sie waren «ausgezeichnet unter den Gesandten». Was wäre wünschenswerter, als dass wir mehr solche Ehepaare in unseren Gemeinden und auf den Missionsfeldern hätten?

Wir werden dabei an ein anderes vorbildliches Ehepaar erinnert, an *Aquila und Priscilla*, welche Paulus in Römer 16,2 «meine Mitarbeiter in Christus Jesus» nennt. In Vers 1 des gleichen Kapitels empfiehlt der Apostel «unsere Schwester Phoebe, die eine Dienerin der Gemeinde» und «vielen ein Beistand» ist. In Vers 6 lobt er «Maria, die viel für euch gearbeitet hat». Wir sehen also, dass Paulus keineswegs den Dienst von Frauen für unbedeutend oder minderwertig hielt. Schon gar nicht war Paulus – wie eine mit der Bibel nicht mehr vertraute Öffentlichkeit notorisch behauptet – ein Frauenhasser.

Römer 16,7 eignet sich aber auch nicht, um eine angebliche «Gleichberechtigung von Mann und Frau» in der urchristlichen Gemeinde belegen zu wollen; denn daran, dass «die Zwölfe» alle Männer waren, lässt sich nichts ändern. Und dass das Neue Testament nur Männer als Gemeindeleiter, das heisst als Älteste und Aufseher, kennt, ist ebenso unbestreitbar. Mann und Frau haben vom Schöpfer verschiedene Aufgaben zugeteilt bekommen. Das ist so eindeutig, wie es uns auch selbstverständlich sein sollte, dass damit keineswegs gesagt ist, ein Teil sei wichtiger oder wertvoller als der andere:

«Dennoch ist im Herrn weder die Frau ohne den Mann, noch der Mann ohne die Frau. Denn wie die Frau vom Mann ist, so ist auch der Mann durch die Frau; alles aber von Gott» (1. Korinther 11,11+12).

53. Gibt es im Himmel auch Lügner?

In unserem Jungscharlager fragten mich die Jungschärler, was der Bibeltext in Offenbarung 22,11–15 bedeute. Die Frage lautete: «Gibt es in der kommenden Welt immer noch Sünder und Lügner?»

Worum geht es nun im genannten Bibeltext? In den Versen 11 und 12 sagt der erhöhte Herr, dass er bald kommen werde, und dass das Wissen um sein Kommen die «Gerechten» nur um so mehr anspornen werde, in «Gerechtigkeit» zu leben, wie der «Unreine» sich auf das Ende hin je länger je mehr «verunreinigen» werde. Es geht also hier noch nicht um die zukünftige Welt. Von der Zukunft handeln erst die Verse 14 und 15. Wer seine Kleider – gemeint sind die *Sünden* (siehe Offenbarung 1,5+6) – im Blut des Lammes gewaschen hat, der wird «durch die Tore der Stadt eingehen», das heisst im himmlischen Jerusalem ewiger Herrlichkeit teilhaftig werden. Wer seine Kleider nicht gewaschen hat, wer also in seinen Sünden verharrt ist, wird nie in die Stadt eingehen können: «Draussen sind die Hunde und die Zauberer (...) und jeder, der die Lüge liebt und tut.»

Wenn es hier «draussen» heisst, dann darf das uns nicht zur Annahme verleiten, diese seien auch in jener kommenden Welt anwesend, irgendwo vor den Toren der Stadt. Es geht hier ganz einfach um den Gegensatz zwischen denen, die im Glauben zum Sohn Gottes kamen, ihm ihre Sünden bekannten und so reingewaschen wurden, und denen, die sich ihr Leben lang weigerten, ihre Sünde zu bekennen. Die einen sind drinnen, die andern draussen; die einen ewig gerettet, die andern ewig verloren. In einem Gleichnis verglich Jesus das Ausgeschlossenwerden vom ewigen Leben mit dem Hinausgeworfenwerden aus einem hellerleuchteten Haus in die Finsternis der draussen herrschenden Nacht (Matthäus 22,13). Auch in diesem Gleichnis wird also unterschieden zwischen denen, die drinnen und denen, die draussen sind.

Die Verlorenen, die «Sünder und Lügner» in der Frage, sind aber nicht etwa inexistent, sondern sie sind «im Feuersee» (Offenbarung 20,15), am «Ort der Qual» (Lukas 16,28) und «ewigen Pein» (Matthäus 25,46).

54. Ist der Glaube eine Geistesgabe?

Wenn wir es richtig verstehen, erklärt Paulus in 1. Korinther 12 eindeutig, dass ein Christ nie alle Gnadengaben besitzen kann. Keiner ist benachteiligt, wenn ihm eine Gnadengabe fehlt, vielmehr ergänzen wir einander. Dies verstehen wir bei allen hier aufgezählten Gaben, ausser beim Glauben (V. 9). Gewiss ist auch der Glaube ein Geschenk Gottes, aber es gibt sicher keinen Christen ohne Glauben. Ist hier ein bestimmter Glaube gemeint, den ein Christ in einer bestimmten Situation erlebt und braucht (z.B. bei grossem Leid), oder wird hier der Glaube unter den Geistesgaben aufgezählt, weil er auch ein Geschenk Gottes ist, obwohl er sich sonst von den übrigen Geistesgaben unterscheidet?

Der Glaube wird im Neuen Testament für zwei grundsätzlich verschiedene Dinge gebraucht. Einmal steht er für das persönliche Vertrauen, das der einzelne Mensch auf Gott und auf sein Wort setzt. Diese Art Glauben ist notwendig, um gerettet zu werden und das ewige Leben zu empfangen. Er ist persönlich, nicht vererbbar und nicht übertragbar.

Dann steht aber Glaube auch für den *Glaubensinhalt*, also für die *Glaubenslehre*, das ist die Lehre der Apostel, wie sie uns im Neuen Testament überliefert worden ist. Der Glaube in diesem Sinn ist nicht persönlich, nicht subjektiv, und er kann, ja, er muss überliefert werden. Judas spricht davon, dass wir für den von den Aposteln «ein für allemal überlieferten Glauben» kämpfen sollen (Judas 4). Paulus, der am Ende seines Lebens sagen kann, er habe «den Glauben bewahrt», trägt seinerseits Timotheus auf, dieses köstliche Gut, die Glaubenslehre, zu bewahren (2. Timotheus 1,14; 4,7).

In 1. Korinther 12 geht es natürlich um persönlichen Glauben; aber auch hier können wir unterscheiden zwischen dem anfänglichen Glauben, den jeder haben muss, um gerettet zu werden, und dem täglichen Glauben, den wir in allen Bewährungsproben unseres Lebens immer wieder nötig haben. Der anfängliche Glaube macht einen Menschen zu einem «Gläubigen». Man sagt dann, jemand sei «zum Glauben gekommen». Der gläubig Gewordene beginnt nun im täglichen Leben, in den verschiedenen Herausforderungen des Alltags, sein Vertrauen auf Gott und sein Wort zu setzen. Damit er das kann, soll und muss er auch Tag für Tag Gottes Wort lesen und studieren; denn der Glaube braucht einen *Gegenstand*, und dieser Gegenstand ist Gottes Wort. Wiewohl die Umstände, in denen wir uns befinden, sehr verschieden sind, bleibt doch dies für *alle Christen* gleich, dass wir im Glauben und aus Glauben heraus unser Leben führen und unsere Entscheidungen fällen müssen.

Wie sollen wir dann aber diesen Satz im Korintherbrief verstehen: «Dem einen wird durch den Geist das Wort der Weisheit gegeben, einem anderen aber das Wort der Erkenntnis nach demselben Geist, einem anderen aber Glauben in demselben Geist»? Der Formulierung nach wird *nicht jedem* der hier genannte Glaube gegeben. Das scheinbar Widersprüchliche wird sich nur so lösen lassen, dass wir beachten, dass die Korinther *ohne das Neue Testament*, also *ohne einen abgeschlossenen Kanon* lebten. In dieser besonderen Zeit und unter diesen nur vorübergehenden Umständen, hat Gott einzelnen Gemeindegliedern Glauben für Dinge gegeben, ohne dass der Betreffende sich auf eine biblische Verheissung oder Weisung hätte stützen können. War einmal der Kanon abgeschlossen, war es Sache der persönlichen Hingabe und des persönlichen Vertrauens eines jeden Christen, seinen Glauben im geschriebenen Wort zu nähren, damit er für alle Kämpfe des Alltages gerüstet sei. So glaube ich nicht daran, dass Gott in einer Gemeinde nur einzelnen Christen «die Gabe des Glaubens» gibt; vielmehr gibt er einem jeden Glauben ins Herz, der sich ihm im Lesen der Bibel und im Gebet ausliefert, um in dieser Welt für Gott zu leben.

55. Was bedeutet «Jesus Christus ist der Erstgeborene aller Schöpfung»?

Was sagt man jemandem, der aus Kolosser 1,15 folgert, dass Christus selbst ein Geschöpf Gottes sei, nicht aber göttlich von Ewigkeit her?

In Kolosser 1,15 lesen wir: «Er (Jesus Christus) ist das Bild des unsichtbaren Gottes, der Erstgeborene aller Schöpfung.» Es interessieren uns hier zwei Dinge: Was bedeutet «Erstgeborener», und warum steht das gerade in diesem Zusammenhang?

Der Ausdruck «Erstgeborener» ist ein Titel, der hier nicht buchstäblich zu verstehen ist, als sei Jesus Christus in der Reihe mehrerer Geborener der erste gewesen. Dass «Erstgeborener» ein Ehrentitel ist, der von Vorrang und Vorzug spricht, zeigt sich bereits im Alten Testament, woher der Ausdruck auch stammt. Hiob spricht vom «Erstgeborenen des Todes» (18,13), womit er den Teufel meint, der die Macht über den Tod hatte (Hebräer 2,14). In Psalm 89,28 lesen wir von einem von Gott eingesetzten König: «So will auch ich ihn zum Erstgebornen machen, zum Höchsten unter den Königen der Erde.» Man kann im buchstäblichen Sinn niemanden zum Erstgeborenen «machen»; denn entweder ist man zuerst geboren oder nicht, daran lässt sich nachträglich nichts ändern.

Was «Erstgeborener» bedeutet, wird gerade in diesem zweizeiligen Psalmvers überaus deutlich, weil er in der für hebräische Poesie so bezeichnenden Weise parallel strukturiert ist. Der Parallelismus besteht darin, dass die zweite Zeile das gleiche aussagt wie die erste, die Worte aber variieren. Der «Erstgeborene» der ersten Zeile ist mithin «der Höchste» der zweiten Zeile.

So müssen wir auch den «Erstgeborenen aller Schöpfung» verstehen: Er ist der Höchste aller Schöpfung. Heisst das aber, dass er ein Geschöpf sei? Keineswegs, sondern lediglich dass er, da er nun einmal in diese Schöpfung gekommen, da in ihm der unsichtbare Gott sichtbar geworden ist (Kolosser 1,15), notwendigerweise den Vorrang vor allen sichtbaren Geschöpfen haben muss. Genau davon sprechen daher auch die nachfolgenden Verse:

«Denn durch ihn ist alles in den Himmeln und auf der Erde geschaffen worden (...) alles ist durch ihn und für ihn erschaffen.» Er ist also der Schöpfer, nicht geschaffen. Es könnte niemals von einem Geschöpf gesagt werden, alles Geschaffene sei *für ihn*. Das kann man nur von Gott selbst sagen. «Und er ist vor allem, und alles besteht durch ihn» (V. 16).

Weil das so deutlich ist, haben böswillige Menschen, welche die Gottheit Jesu Christi leugnen und so seine Person antasten, in ihrer verderbten Bibelversion jeweils ein Wort hineingemogelt, das im griechischen Text nicht da ist: «Alle *anderen* Dinge sind durch ihn und für ihn erschaffen worden. Auch ist er vor allen *anderen* Dingen, und durch ihn sind alle anderen Dinge gemacht worden, um zu bestehen» (Vv. 16–17 in der Bibel der Zeugen Jehovas, der sog. «Neue-Welt-Übersetzung der Heiligen Schrift»).

Ein Ausdruck ist besonders beachtenswert in diesem Abschnitt des Kolosserbriefes: Jesus Christus wird «der Anfang» genannt (V. 18). Übereinstimmend wird Jesus Christus in Offenbarung 3,14 der Titel «Anfang der Schöpfung Gottes» gegeben. Daraus haben Sektierer wiederum schliessen wollen, Jesus Christus sei das erste der Geschöpfe Gottes. Nur steht das keineswegs da. Es heisst, er sei «der Anfang», griechisch: *arché*. Nun ist dieses Wort für unseren Zusammenhang äusserst bedeutungsvoll. Die Griechen waren die ersten uns bekannten Menschen des Abendlandes, die anfingen, sich darüber Gedanken zu machen, was denn am Anfang aller sinnlich wahrnehmbaren Dinge gewesen, was der Urgrund, die Ursubstanz alles Geschaffenen sei. *Thales von Milet* sagte, alles sei aus dem Urstoff *Wasser* entstanden. Dieses sei also der «Anfang der Schöpfung». Damit fand er sich im Einklang mit ägyptischem und altorientalischem Denken. Nach ihm meinte ein anderer Ionier, *Heraklit* von Ephesus, das *Feuer* sei die *arché*, und ein dritter Ionier, *Anaximenes*, hielt die *Luft* für die Ursubstanz. Es waren die ionischen Naturphilosophen – so nennt man sie – also gute Materialisten wie Marx, Darwin und alle Evolutionsgläubigen heutiger Tage, glaubten und glauben sie doch alle, die *arché* aller Dinge sei etwas Materielles. Nun aber sagt eben Offenbarung 3,14, die *arché* aller Dinge sei *eine Person*, nämlich Gottes Sohn selbst. Jesus Christus ist der Ewige, nie Gewordene, der Anfang und Urheber aller Dinge. Im Anfang war das Wort, Jesus Christus. Er ist im vollsten und wahrsten Sinne der Schöpfer: Alles ist durch ihn geworden, und ohne ihn ist nichts geworden von allem, das geworden ist (Johannes 1,1–3).

56. Widerspruch zwischen Markus 16,8 und Matthäus 28,8?

Warum wird in Markus 16,8 gesagt, dass die Frauen, welche am Grab Jesu waren, niemandem von den Geschehnissen berichteten, obwohl in Matthäus 28,8 und in Lukas 24,9 steht, dass die Frauen alles den Jüngern erzählten?

Ausdrücke wie «niemand» oder «alle» sind nicht immer absolut zu verstehen. Wenn wir Matthäus 3,5 lesen, «ganz Judäa» sei an den Jordan gegangen, um von Johannes dem Täufer getauft zu werden, dann wissen wir, dass das nicht buchstäblich zu verstehen ist, werden doch die Obersten des Volkes später vom Herrn gerügt, weil sie sich nicht taufen liessen. Wenn Paulus sagt: «Alles vermag ich durch den, der mich kräftigt (Christus)» (Philipper 4,13), dann ist dieses «alles» ebenfalls stark eingeschränkt. Er vermag alles, ausser etwas Bösem.

Wenn nun die Frauen «niemandem» etwas sagten, dann muss das so verstanden werden, dass sie niemandem *ausser den Jüngern* davon erzählten. Den Jüngern zu berichten, war ihnen ja ausdrücklich aufgetragen worden (Markus 16,7); und in Vers 10 lesen wir tatsächlich, wie eine der Frauen, Maria Magdalena, den Jüngern erzählt, dass der Herr lebe, und dass sie ihn gesehen habe.

57. Widerspruch zwischen Matthäus 19,17 und Lukas 23,50?

Warum wird Joseph von Arimathia in Lukas 23,50 als guter Mann bezeichnet, obwohl Jesus zum reichen Jüngling in Matthäus 19,17; Markus 10,18 und Lukas 18,19 sagt, niemand sei gut ausser Gott allein?

Joseph von Arimathia ist nicht der einzige Mensch im Neuen Testament, der gut genannt wird. Auch von Barnabas heisst es, er sei ein guter Mann gewesen (Apostelgeschichte 11,24). Sie waren beide gut auf ihre Weise. Sie waren, gemessen an dem, was sie vermochten, und was man von ihnen erwarten konnte, gut. Wenn die Juden in der Mehrzahl Jesus verworfen und ans Kreuz gewünscht hatten, dann war Joseph von Arimathia in dem Sinn gut, als er den Verstorbenen ehren und sich damit auf seine Seite stellen wollte. Aber gut im uneingeschränkten Sinn kann kein Mensch je sein, sondern nur Gott.

Als nun der reiche Jüngling zum Herrn kam und ihn mit den Worten ansprach: «Guter Lehrer, was soll ich tun, damit ich ewiges Leben erbe?», antwortete ihm Jesus mit den Worten: «Was nennst du mich gut? Niemand ist gut als nur einer: Gott.» Warum diese Antwort? Der Herr wollte damit den Jüngling auf zwei Dinge aufmerksam machen: Er überschätzte sich selbst, und er unterschätzte Jesus.

Der Jüngling meinte, er sei gut genug, um Gutes tun zu können. Das zeigt sich an der Gestalt der Frage, wie sie Matthäus festgehalten hat: «Lehrer, was soll ich Gutes tun, damit ich ewiges Leben habe?» Gutes zu tun, das Gottes Heiligkeit und Gerechtigkeit befriedigt, vermag kein Mensch. Kein Mensch ist dazu gut genug; nur Gott ist in allem, was er tut, vollkommen, nur er ist gut. Das ist eine erste Grundeinsicht, die wir gewinnen müssen, wenn wir das Evangelium verstehen und ewiges Leben empfangen wollen. Wir müssen unsere Unfähigkeit zum Guten und unsere vollständige Hilflosigkeit einsehen.

Und der Jüngling unterschätzte den Meister. Er redete ihn mit «Guter Meister» an und dachte ungefähr: *Wenn du gut sein kannst, kann ich es auch.* Er hielt also Jesus Christus ganz einfach für einen guten menschlichen Lehrer, für einen aussergewöhnlich anständigen Menschen. Wenn nun Jesus sagt, nur Gott sei gut, sagt er damit indirekt auch, dass er, da er ja tatsächlich gut ist, nicht ein blosser Mensch, sondern selbst Gott ist. Auch diese Einsicht ist grundlegend, um das Evangelium zu verstehen und ewiges Leben zu erlangen. Jesus Christus war nicht «ein guter Mensch», wie die meisten heute denken. Er ist Gottes Sohn, er ist selbst Gott. Nur wer an ihn als den Sohn Gottes glaubt, kann ewiges Leben empfangen. Das war es doch, was der reiche Jüngling begehrte, und darum antwortete der Herr auf die entsprechende Weise.

58. Werden nur die gläubig, die dazu bestimmt sind?

Aus unserem Bibelkreis ergab sich zu Apostelgeschichte 13,48 eine Frage. Dort steht: «Als die Heiden das hörten, freuten sie sich und priesen das Wort des Herrn; und alle wurden gläubig, die für das ewige Leben bestimmt waren.» Lukas will doch sicherlich nicht mit dieser Aussage die Prädestinationslehre vertreten?

Bei der Bibelauslegung müssen wir stets folgenden Grundsatz beachten: Eine einzelne schwierige Stelle hebt nicht auf, was andernorts klar und unmissverständlich gelehrt worden ist. Dass nun nur solche glauben können, die Gott zuvor dazu bestimmt habe, andere aber von vornherein nicht, wird durch so viele eindeutige Aussagen widerlegt, dass Apostelgeschichte 13,48 nicht so verstanden werden kann. In Matthäus 11,28 lädt der Herr *einen jeden* zu sich ein; in Johannes 3,16 verheisst der Sohn Gottes, dass *jeder, der an ihn glaube*, ewiges Leben empfange; in Johannes 5,24 vernehmen wir, dass wer irgend Gott und dem von ihm in diese Welt gesandten Sohn vertraut, vom Tod zum Leben hinübergehe. Auch Römer 10,13 und Offenbarung 22,17 sind universal gültige Verheissungen.

Wer sind wir, dass wir Gott selbst das Wort im Mund umdrehen, und ein grosses «aber» einfügen, und sagen: Es können aber nur die glauben, die vorher von Gott dazu bestimmt sind. Wo steht solches geschrieben? Wirklich nirgends.

Wie sollen wir nun unsere Stelle aus der Apostelgeschichte verstehen? Die sehr knappe griechische Ausdrucksweise ist deutsch mehrdeutig. Sie kann rein sprachlich bedeuten, dass nur so viele zum Glauben kamen, als zuvor zum ewigen Leben verordnet waren. Sie kann aber auch bedeuten, dass so viele irgend zum Glauben kamen, zum ewigen Leben verordnet waren. Das bedeutet nun ganz einfach soviel:

Gott hat es so verordnet, dass ein jeder, der an den Sohn Gottes glaubt, ewiges Leben empfangen soll. Ist das nicht grossartig? Wenn ich an den Sohn Gottes glaube, dann weiss ich, dass ich gemäss Gottes Absicht und Vorsatz in ihm ewiges Leben habe. Welche Gewissheit gibt uns doch das!

59. HERR oder Jahwe?

Der Name Gottes wird im hebräischen Alten Testament mit Jahwe wiedergegeben. Ich möchte nun von Ihnen wissen, warum Sie immer HERR schreiben und den Lesern den Namen Gottes vorenthalten.

Der Name des Herrn wird hebräisch mit den vier Konsonanten geschrieben, die in unserem Alphabet JHWH entsprechen. Wahrscheinlich ist das als Jahwe zu sprechen, ganz gesichert ist es freilich nicht. Falsch ist auf alle Fälle die Aussprache «Jehova»; sie beruht auf einem falschen Verständnis der bei den Konsonanten JHWH gesetzten Vokalzeichen.

Warum nun steht in fast allen Bibelübersetzungen HERR anstatt Jahwe? Das hat seinen guten Grund. Es hat dem Heiligen Geist, der das Neue Testament griechisch inspiriert hat, gefallen, überall dort, wo das Alte Testament zitiert wird, das hebräische JHWH durch das griechische *kyrios* = Herr wiederzugeben (z.B. Apostelgeschichte 2,21). Auch in erzählenden Texten wie in Matthäus 1,20 finden wir den Ausdruck *angelos kyriou* = Engel des Herrn. Im Alten Testament steht hingegen stets *mal'ak jhwh* = Engel Jahwes.

Es ist also nicht einfach menschliche Willkür, wenn wir im Zitieren und Lesen des Alten Testamentes in deutscher Übersetzung dem Vorbild des Heiligen Geistes folgen und stets HERR lesen. Es hat dies nämlich folgendes Gute an sich: Wenn wir HERR lesen, werden wir auf etwas aufmerksam, das uns der Heilige Geist zeigen will, dass nämlich unser Herr Jesus Christus derselbe ist, der sich den Erzvätern, Mose und den Propheten als JHWH offenbarte. In Johannes 8,56–58 offenbart der Herr Jesus den Juden, dass er der grosse «Ich bin», der ewig Seiende ist, der gleiche, der zu Mose im Dornbusch gesagt hatte: «Ich bin, der ich bin» (2. Mose 3,14). Vergleichen wir Johannes 12,41 mit Jesaja 6,1+5, erkennen wir, dass Jesaja, als er «den König, den HERRN der Heerscharen» sah, die Herrlichkeit des Sohnes Gottes sah. Hebräer 13,8 bestätigt, dass der Herr der Ewige, der Unveränderliche ist, der durch Maleachi gesagt hatte: «Ich, JHWH, verändere mich nicht» (Maleachi 3,6).

60. Widerspruch zwischen 1. Timotheus 2,4 und Matthäus 13?

Einerseits lesen wir in 1. Timotheus 2,4, dass Gott «will, dass alle Menschen gerettet werden und sie zur Erkenntnis der Wahrheit kommen»; andererseits lesen wir in Matthäus 13,1–15, «damit sie nicht etwa mit den Augen sehen und mit den Ohren hören und mit dem Herzen verstehen und sich bekehren und ich sie heile» (und sinngemäss gleich in den Parallelstellen Markus 4,11–12 und Lukas 8,10). In allen drei Evangelien geht es um dieselbe Begebenheit, und in meiner Bibel habe ich ein grosses Fragezeichen hingesetzt.

Die im Timotheusbrief geschriebene Wahrheit wird an mehreren anderen Stellen sowohl des Alten wie des Neuen Testaments bestätigt (beispielsweise in Hesekiel 18,23; Jesaja 45,22; Joel 3,5; Matthäus 11,28; Johannes 3,16; 2. Petrus 3,9; Offenbarung 22,17). Sie wird in so direkter und unmissverständlicher Weise in nicht falsch zu verstehendem Zusammenhang geäussert, dass wir am Willen Gottes, alle Menschen zu retten, nicht deuteln können.

Anders die drei genannten Stellen aus den Evangelien. Die dort gemachte Aussage wirkt zunächst nahezu anstössig. Wie? Der Herr Jesus spricht in Gleichnissen, *damit* das Volk es nicht verstehe, nicht zu Herzen nehme, sich bekehre und geheilt werde? Das will uns nicht ohne weiteres einleuchten; es sträubt sich etwas in uns dagegen. Wir wittern dahinter Willkür, wenn nicht Zynismus, und das können wir, wo es um Gott und um sein Handeln geht, nicht glauben. Unsere Intuition betrügt uns hier nicht, sie beruht vielmehr auf der richtigen Überzeugung, dass Gott gerecht und dass Gott Liebe ist, daher nie willkürlich und nie zynisch sein kann. Wie müssen wir dann diese schwierige Stelle verstehen?

Der Abschnitt ist ein Zitat aus dem Alten Testament (Jesaja 6,10). Der Prophet spricht von einem sündigen Volk, das nicht glauben und nicht umkehren will (Kapitel 1); ihm sagt Gott mit diesen Worten eine gerichtliche *Verstockung* voraus. Will der Mensch nicht auf Gottes Reden hören und glauben, kommt einmal der Tag, da er nicht mehr hören und nicht mehr glauben *kann*. So geschah es auch mit dem Pharao, der sich beharrlich weigerte, auf den Gott Israels zu hören (2. Mose 5,2). Nachdem *er* mehrere Male sein Herz hart gemacht hatte (2. Mose 7,13+22; 8,11+15+28; 9,7; , verhärtete ihm *Gott* das Herz (2. Mose 9,12).

Bei Matthäus und bei Markus lesen wir kurz vor dieser Ankündigung gerichtlicher Verblendung von der *Lästerung des Geistes* (Matthäus 12,31+32; Markus 3,22–30), und das ist nicht zufällig, sondern erklärt das Nachfolgende. Diese ist, wie an anderer Stelle wiederholt erörtert wurde, nichts anderes, als wider besseres Wissen im Unglauben an den Sohn Gottes zu verharren, allen Wirkungen des Geistes zum Trotz dessen Zeugnis abzulehnen. Diese Verhärtung führt zur Blindheit, von der unsere Verse sprechen. Und es ist wirklich so, dass jemand, der sich Gott und seinem Wort nicht unterworfen hat, das Reich Gottes nicht sehen und die Gleichnisse, die von diesem Reich sprechen, nicht verstehen kann.

61. Auf welche Zeit beziehen sich die letzten Kapitel Hesekiels?

Die phantastische Beschreibung des künftigen Gebietes von Israel machte mich stets fragend: Welchem Zeitpunkt in der Weltgeschichte sind denn die letzten Kapitel in Hesekiel zuzuordnen?

Der Aufbau des Buches Hesekiel ist symmetrisch, Anfang und Ende des Buches stehen in komplementärer Beziehung zueinander:

Kapitel 1–11: Vision der Herrlichkeit des Herrn. Wegen der Verunreinigung des Tempels verlässt die Herrlichkeit des Herrn das Heiligtum.

Kapitel 12–24: Weissagungen des Gerichts über Jerusalem und das Land.

Kapitel 25–32: Aussprüche wider die Nationen.

Kapitel 33–39: Weissagungen von der Wiederherstellung Jerusalems und des Landes.

Kapitel 40–48: Vision des neuen Tempels. Die Herrlichkeit kehrt zurück.

Der Aufbau des Buches verhilft zum Verständnis seines Inhalts. Gott verlässt sein Heiligtum, Israel wird gerichtet. Die heidnischen Völker, welche Gottes Zuchtruten gegen sein sündiges Volk gewesen waren, werden ihrerseits auch gerichtet. Das alles ist bereits geschichtliche Tatsache. Die Wiederherstellung Israels hat in unserem Jahrhundert begonnen, allerdings erst auf politisch-nationaler Ebene. Bald wird die Nation zur geistlichen Neugeburt kommen. Davon sprechen die Kapitel 36 und 37. Einem bekehrten Israel wird Gott das ganze Land Israel zum Besitz geben, in der Mitte des Landes wird sein Tempel stehen. Das ist zukünftig.

Der in den Kapiteln 40 und folgende beschriebene Tempel und das von den 12 Stämmen bewohnte Land beziehen sich auf die Zeit des messianischen Friedensreiches, des Tausendjährigen Reiches.

62. Warum wird das Reich Gottes mit Sauerteig verglichen?

Der Sauerteig ist im Wort Gottes ein Symbol für Verderbliches, wie anhand von 2. Mose 12,15; Matthäus 16,6; 1. Korinther 5,7 und Galater 5,9 deutlich wird. Die Ausnahme wäre Matthäus 13,33. Warum vergleicht der Herr Jesus das Reich der Himmel mit Sauerteig, der doch sonst für verderbliche Wirkungen steht?

Es stimmt tatsächlich, dass der Sauerteig sowohl im Alten als auch im Neuen Testament ohne Ausnahme für Böses steht. Matthäus 13 ist nur scheinbar eine Ausnahme, denn auch hier spricht der Sauerteig von Bösem. Aber wie kann man das Himmelreich mit etwas Bösem vergleichen? Das scheint uns so lange unmöglich, als wir meinen, «Himmelreich» müsse der Himmel, die Wohnstätte Gottes sein.

Mit dem Ausdruck «Reich der Himmel», wie die wörtliche Übersetzung lautet, meint der Herr in seinen Gleichnissen von Matthäus 13 aber etwas anderes. Es ist das Reich, das der König seinen Knechten zur Verwaltung überantwortet während der Zeit, da er selbst abwesend ist. Wie wir wissen, nahm man den König, da er in das Seinige kam, nicht an, sondern stiess ihn mit dem Ruf von sich: «Wir wollen nicht, dass dieser über uns König sei» (Lukas 19,14). Von der Treue und Untreue der Knechte in ihrer Verwaltung des Reiches handeln viele der Himmelreichsgleichnisse, besonders deutlich das Gleichnis von den anvertrauten Talenten (Matthäus 25,14–30).

Sind nun Menschen für die «Regierungsgeschäfte» des Reiches verantwortlich, dann verstehen wir mühelos, dass es nur eine Frage der Zeit ist, bis sich Böses einschleicht und ausbreitet. Davon spricht bereits das allererste der Himmelreichsgleichnisse: Während die Knechte *schlafen*, kommt ein Feind und sät Unkraut unter den Weizen (Matthäus 13,24–30). Das Reich wird also wegen der mangelnden Wachsamkeit der Knechte bald von Unkraut, von Scheingläubigen, durchsetzt, und zwar bleibt dieser Zustand, wie der Herr ausdrücklich befiehlt, bis zum Ende dieses Zeitalters, bis zur Wiederkunft des Königs.

Das Reich der Himmel wird aber nicht nur von «falschen Brüdern» (Galater 2,4) bevölkert, sondern auch von falscher Lehre durchdrungen. Davon spricht eben das Gleichnis vom Sauerteig. Paulus schreibt den Galatern, dass ihr Zurückfallen auf das Gesetz «Sauerteig» sei (Galater 5,9).

Wenn wir uns umsehen, dann haben wir keine Mühe festzustellen, dass die Christenheit von den krassesten Irrlehren durchwuchert ist. Da wird gesagt, der Schöpfungsbericht sei ein Mythos, der Bericht vom Sündenfall sei eine rein symbolhafte Angelegenheit, die weltweite Flut habe es nie gegeben, Gott habe sich Mose nicht am Sinai geoffenbart, Jesus Christus sei bloss ein Mensch gewesen, die Jungfrauengeburt müsse als naiver Mythos abgetan werden – von einer leiblichen Auferstehung und Wiederkunft des Herrn ganz zu schweigen usw. Wie der Teig im Gleichnis, ist die Christenheit von den handfestesten Irrtümern tatsächlich vollständig durchsäuert. Die Weissagung über die Entwicklung des Reiches, welche das Gleichnis ja ist, hat sich erfüllt.

63. Widerlegt Markus 1,2+3 die Verbalinspiration?

Bei einer Gesprächsrunde bezüglich Verbalinspiration der Heiligen Schrift (ja oder nein) wurde als Beleg dagegen Markus 1,2+3 genannt. Wie kann diese Stelle erklärt werden?

Die Schwierigkeit, die es zu erklären gilt, ist folgende: Markus beginnt sein Evangelium mit einem Rückverweis auf das Alte Testament, «wie in den Propheten Jesaja geschrieben steht». Es folgen dann zwei Bibelzitate, ersteres aber ist nicht von Jesaja, sondern von Maleachi. Das heisst aber keineswegs, dass Markus falsch zitiert habe. Er hätte natürlich umständlich sagen können: «wie in den Propheten Maleachi und Jesaja geschrieben steht». Ihm genügte es, bloss letzteren namentlich zu erwähnen. Es waren eben die Schreiber in jener Zeit nicht ganz so pedantisch wie wir, die meinen, man müsse jedes Zitat mit genauer Bezeichnung von Namen, Werk, Seitenzahl und Erscheinungsjahr und -ort des Buches versehen. Es ist uns bekannt, dass die Juden etwas andere Gepflogenheiten hatten als wir. So sagten sie oft «Jeremia», wenn sie von den Propheten überhaupt sprachen und zitierten. So verfährt auch Matthäus an einer Stelle, wo er aus Sacharja zitiert (Matthäus 27,9), aber Jeremia als Quelle angibt. Und zwar sagte man «Jeremia» stellvertretend für alle, weil dieser Prophet in den Aufzählungen der Propheten meist zuerst genannt wurde. Ein anderes Beispiel sind die Psalmen. Man spricht oft von «David» und meint irgendeinen der Schreiber des Psalmbuches, deren es mehrere gab. Oder man sagt «Psalmen» und meint damit die ganze Gruppe jener alttestamentlichen Bücher, welche sonst auch «die Schriften», hebräisch *ketuwim* heissen.

Wenn man ein wenig überlegt, dann merkt man, dass die nicht pedantisch akkurate Zitierweise des Markus überhaupt kein Beleg gegen die Inspiration seines Berichts sein kann. Wäre er nicht inspiriert, und man hätte erst nachträglich den Anschein der Inspiration erwecken wollen, dann wäre es das leichteste und auch naheliegendste in der Welt gewesen, den Text zu «korrigieren». Oder wenn man als Christen darauf bedacht gewesen wäre, jeden Anlass auf einen möglichen Angriff der jüdischen oder heidnischen Umwelt auf das Evangelium aus der Welt zu schaffen, dann hätte man die Stelle geändert, wäre sie für damalige Erwartungen anstössig gewesen. Sie war es offenkundig nicht.

64. Wie sind die Unterschiede in den Apostelverzeichnissen zu erklären?

Es gibt verschiedene Aufzählungen der Apostel in der Bibel. Matthäus und Markus nennen beide einen Jünger Thaddäus, welcher bei Lukas fehlt. Er spricht dafür von einem zweiten Judas. Johannes nennt einen Nathanael.

Ein Vergleich der Apostelverzeichnisse in Matthäus 10,2–4; Markus 3,16–19 und Lukas 6,14–16 und Apostelgeschichte 1,13 zeigt, dass in Reihenfolge und Anordnung der Namen grosse Gleichförmigkeit besteht. Die Viererppe der zuerst berufenen Jünger, die beiden Brüderpaare Petrus mit Andreas und Johannes samt Jakobus, werden stets zuerst genannt, jedesmal mit Petrus an der Spitze. Dann folgen die jeweils in Paaren zu zweien aufgezählten Philippus und Thomas, Bartholomäus und Matthäus, Jakobus und Thaddäus, Simon und Judas Iskariot. So ist es bei Matthäus und Markus, und bei Lukas auch, bis auf die beiden letzten Brüderpaare. Sie stellen Jakobus und Simon zusammen und schliessen die Reihe mit Judas, des Jakobus Sohn und Judas Iskariot. Dass es tatsächlich neben dem Iskariot auch einen anderen Judas gab, sagt Johannes 14,22 ausdrücklich.

Der Schluss ist unausweichlich: Judas, des Jakobus Sohn, ist identisch mit Thaddäus. Bekanntlich hatten jüdische Männer oft mehrere Namen. Wechselweise lesen wir in den Evangelien von Simon und von Petrus. Man nannte einen Joseph auch Barsabas, der dazu den Beinamen Justus hatte (Apostelgeschichte 1,23). Ein anderer Joseph wurde von den Aposteln Barnabas genannt (Apostelgeschichte 4,36). Ein Mann, der immer Saulus geheissen hatte, hiess später Paulus.

Es mag sein, dass Judas schon länger den Beinamen Thaddäus gehabt hatte, aber es ist auch gut denkbar, dass er erst mit diesem Namen gerufen wurde, nachdem der Name Judas durch den Verräter des Herrn so belastet war. Auf alle Fälle war er unter beiden Namen bekannt.

Was Nathanael betrifft, so müssen wir nicht annehmen, dass er zu den Zwölfen gezählt wurde, obwohl er ein früher Jünger des Herrn war. Auf alle Fälle wird er in keinem einzigen der vier Apostelverzeichnisse genannt. Oder wir müssen annehmen, dass Nathanael, der durch Philippus zum Messias fand (Johannes 1,45), der gleiche ist wie der stets mit Philippus zusammen genannte Bartholomäus.

65. Gab Gott Bileam widersprüchliche Weisungen?

Beim Bibellesen stiess ich auf die Bileam-Geschichte in 4. Mose 22. In Vers 20 erlaubt Gott Bileam, zu Balak zu gehen. Wie ist dann Vers 22 zu verstehen, aus dem doch deutlich wird, dass es Gott missfällt, dass er sich zu Balak begeben will?

Bileam ist ein Beispiel dafür, dass Gott dem Menschen manchmal seine Wünsche erfüllt, wenn er hartnäckig auf etwas besteht, auch wenn es nicht gut für ihn ist. Gott gab den Israeliten zu ihrem Schaden, was sie so inständig begehrten: Fleisch statt des täglichen Mannas. Der Psalmist kommentiert das Geschehen: «Und sie wurden lüstern in der Wüste (...) Da gab er ihnen ihr Begehr, aber er sandte Magerkeit in ihre Seelen» (Psalm 106,15).

Als die Ältesten von Moab zum ersten Mal zu Bileam kamen und ihm Balaks Bitte vortrugen, Israel zu verfluchen, antwortete Gott dem Seher unmissverständlich: «Du sollst nicht mit ihnen gehen; du sollst das Volk nicht verfluchen, denn es ist gesegnet» (V. 12).

Das hätte Bileam genügen müssen, um die zweite von Balak abgesandte Delegation von vornherein abzuweisen. Er tat es aber nicht, weil die Würde der Abgesandten und die Aussicht auf Belohnung ihn offensichtlich blendeten und verlockten. Dass Bileam auf ungerechten Lohn aus war, sagt uns das Neue Testament ausdrücklich (2. Petrus 2,15; Judas 11). Er bemäntelte zwar sein innerstes Verlangen mit frommen Sprüchen (V. 18), aber die blosse Tatsache, dass er seinen Gästen sagt, sie sollten darauf warten, wie Gott ihm antworte – während er die Antwort doch längst kannte –, zeigt, dass er die Geschenke Balaks begehrte. Gott sah in Bileams Herz und wollte ihm eine Lektion erteilen. Er sagte ihm daher, er solle nur gehen. Darüber hinaus wollte Gott in seiner Weisheit einen geldgierigen Wahrsager – so wird er in Josua 13,22 genannt – als Werkzeug in seiner Hand benutzen, um sich selbst zu verherrlichen und seine Feinde zu beschämen. Daher durfte Bileam nichts anderes sagen, als ihm in den Mund gelegt wurde (V. 20). Auf diese Weise muss Bileam wider Balaks Erwartungen und zu dessen masslosem Ärger Israel segnen (4. Mose 23,11+25; 24,10). Aber Gott zeigt Bileam dennoch unmissverständlich, dass sein Weg ein verderblicher ist (V. 22).

Dass Bileams Gesinnung verwerflich ist, kommt in der Anweisung zum Ausdruck, die er Balak gibt, wie dieser Israel dennoch schaden könne: Er rät ihm, die Israeliten durch Hurerei und Götzendienst zu kompromittieren und so dem Zorn Gottes auszusetzen (Offenbarung 2,14; 4. Mose 25,1–5; 31,16).

66. Liebt Gott alle Menschen gleich?

Unser Pastor hat gesagt, Gott liebe die wiedergeborenen Christen mehr als die Nichtchristen. Ausserdem lesen wir in der Bibel, dass Gott Esau hasste, und dass auch Jesus einen Lieblingsjünger hatte. Wie verträgt sich das mit der Überzeugung, Gott liebe alle Menschen gleich?

Liebt Gott alle Menschen gleich? Man kann auf Johannes 3,16 verweisen und sagen, Gott habe aus Liebe zur ganzen Welt seinen Sohn für sie dahingegeben. In dem Sinn ist Gottes Liebe für alle gleich: Sie wird allen gezeigt und allen angeboten.

Nun sagt aber die Bibel tatsächlich, dass Gott in seiner Liebe Unterschiede macht. In Psalm 87,2(3) steht der interessante Satz: «Gott liebt die Tore Zions mehr als alle Wohnungen Jakobs.» Warum wohl? Weil in Zion sein Haus stand. Gott war in ganz Israel an nichts so gelegen wie an seinem Wohnort. Er wachte eifersüchtiger über ihm als über jedem anderen Haus in Juda und Israel. Mehr Liebe heisst hier mehr Aufmerksamkeit.

Wir dürfen daher sicher sagen, dass Gott seine Kinder mehr liebt als alle anderen; er wacht eifersüchtig über ihnen, bewahrt sie, züchtigt sie. Paulus kann daher in 1. Timotheus 4,10 sagen, dass Gott wohl ein Erhalter aller Menschen sei, *besonders aber der Gläubigen*. Das können wir auch so umschreiben, dass er die Gläubigen mit besonderer Liebe umhegt und erhält.

Ich meine, dass wir jetzt auch verstehen, was jener Satz in Maleachi 1,2+3 bedeuten soll: «Jakob habe ich geliebt, aber Esau habe ich gehasst.» Jakob erwiderte die göttliche Liebe, Esau nicht. Daher wurde Jakob zum Gegenstand göttlicher Fürsorge und zum Empfänger der Verheissungen. Esau hingegen wurde wegen seiner abweisenden Haltung Gott gegenüber – Hebräer 12,16 nennt ihn nicht umsonst einen «Ungöttlichen» – von Gott beiseite- oder hintangestellt. Das bedeutet nämlich hier «hassen».

Noch ein Wort zum «Lieblingsjünger» Jesu. Einen solchen hatte der Herr nicht, obwohl man das oft hört. Johannes, der Verfasser des Evangeliums, spricht von sich selbst als dem «Jünger, den Jesus liebte» (13,23; 21,20). Er drückte damit einfach aus, was ihn, Johannes, besonders bewegte: «Der Herr Jesus liebte sogar einen Mann wie mich!» Darüber konnte er sich nicht genug verwundern. Aber Johannes wusste auch, dass Jesus alle Jünger in gleicher Weise liebte. Davon spricht er in 13,1: «Da er die Seinigen, die in der Welt waren, geliebt hatte, liebte er sie bis ans Ende.» Und der Herr sagte kurz vor seiner Gefangennahme allen Jüngern – Judas hatte sie inzwischen verlassen –: «Der Vater selbst hat euch lieb, weil ihr mich geliebt und geglaubt habt, dass ich von Gott ausgegangen bin» (Johannes 16,27). Dieser Satz macht deutlich, dass der Vater die Seinen alle gleich liebt, aber dass diese besondere Liebe nur denen gilt, die seinen Sohn geliebt und an ihn geglaubt haben.

67. Sollten wir Nichtchristen nicht grüssen?

Warum befiehlt Johannes in 2. Johannes 10+11, man müsse sich gegenüber Nichtchristen so unfreundlich benehmen, ja, sie nicht einmal grüssen? Widerspricht das nicht dem Gebot der Nächstenliebe?

Es wäre tatsächlich ein Widerspruch gegen das Gebot der Nächstenliebe, wenn wir Nichtchristen unfreundlich behandelten. Davon spricht Johannes indes nicht. Lesen wir die Stelle im ganzen Wortlaut, indem wir den wichtigen vorangehenden Vers berücksichtigen:
«Jeder, der weitergeht und nicht bleibt in der Lehre des Christus, hat Gott nicht. Wenn jemand zu euch kommt und diese Lehre nicht bringt, so nehmet ihn nicht ins Haus auf und grüsst ihn nicht; denn wer ihn grüsst, nimmt teil an seinen bösen Werken» (2. Johannes 9–11).
Johannes spricht nicht einfach von ungläubigen Menschen, sondern von solchen, die die Lehre des Christus verdrehen, also von böswilligen Irrlehrern. Von solchen sollten die Gemeinden sich distanzieren, sie nicht durch Gastfreundschaft in ihrem bösen Tun materiell und moralisch unterstützen. Das ist mit «grüssen» gemeint, und nicht lediglich das Murmeln einer Grussfloskel.
Allen andern Menschen gegenüber gebietet uns die Nächstenliebe, zuvorkommend, gastfreundlich und freigebig zu sein.

68. Können nicht alle Menschen glauben?

In unserem Hauskreis hatten wir das Thema: Die Erwählung der Gläubigen vor Grundlegung der Welt. Der Hauskreisleiter ist der Überzeugung, dass Gott sich Menschen aussucht, die er retten will, und das geschehe dann auch mit vollständiger Zwangsläufigkeit. Den anderen gebe Gott die Chance nie. Kein Mensch könne sich für oder gegen Jesus entscheiden. Dazu tauge der menschliche Wille nicht.

Diese Frage hat im Laufe der Jahrhunderte zu den erbittertsten Streitigkeiten geführt – wie ich meine, völlig unnötigerweise. Das gegenseitige *Verhältnis* von Gottes souverän wirkender Gnade und der Verantwortung des Menschen ist für uns im letzten Grund nicht verstehbar; deswegen macht die Bibel keine Aussagen, wie dieses Verhältnis logisch aufeinander abzustimmen sei. Was wir hingegen verstehen und glauben können, sind die Aussagen der Bibel über sowohl die Gnade einerseits als auch über die menschliche Verantwortung andererseits.

Diese lehrt uns wohl, dass der ewige Gott die Erlösten vor Grundlegung der Welt auserwählt hat (Epheser 1,3). Beachten wir aber, dass dort steht, Gott habe uns «in Christus» auserwählt. Gottes vorgefasster Ratschluss war, dass Menschen nur «in Christus» erwählt werden können. Ausserhalb von Christus ist kein Heil, sind keine ewigen Segnungen zu erlangen. Das ist eine Heilstatsache. Wie nun Menschen mit Jesus Christus einsgemacht werden, davon lesen wir an anderen Stellen der Bibel. Das Johannesevangelium sagt uns besonders deutlich, dass der Mensch *glauben* muss, um Leben und Herrlichkeit zu empfangen (3,16; 5,24 usw.). Gottes Wort im Glauben anzunehmen, das ist nun die Verantwortung des Menschen. Gott gebietet allen Menschen an allen Orten, Busse zu tun (Apostelgeschichte 17,30). Damit appelliert er wiederum an unsere Verantwortung.

Nun dürfen wir nicht hineinlesen, was nie und nirgends geschrieben steht: Gott rufe zwar alle Menschen zur Umkehr, aber viele könnten gar nicht umkehren. Das Angebot zu glauben, gelte zwar allen, aber die meisten könnten nicht glauben. Solche Zusätze finden wir an keiner Stelle; die Bibel sagt hingegen sehr deutlich: «Ihr *wollt nicht* zu mir kommen» (Johannes 5,40). Weil sie zuerst nicht wollten, *konnten* sie später nicht mehr glauben (Johannes 12,39). Der hartnäckige Unwille führte zum Unvermögen. Das war bereits ein göttliches Gericht in diesem besonderen Fall.

Der Sohn Gottes lädt alle ein, die mühselig und beladen sind, zu ihm zu kommen (Matthäus 11,28). Wollen wir da übergescheit sein und ihm entgegenhalten, es könnten ja gar nicht alle Mühseligen kommen?

Der Sohn Gottes ruft jeden, der dürstet, zu sich (Johannes 7,37; Offenbarung 22,17). Sollten wir ihm unterstellen, er sage das zwar, meine aber nicht wirklich alle?

Es wird zuweilen argumentiert, die Einladung an alle wolle nur offenbaren, dass der Mensch böse sei und die Einladung gar nicht annehmen könne. Das wäre Zynismus.

Nein, Gott ist nicht zynisch. Wenn er *alle* einlädt, dann weil *jeder* die Einladung annehmen kann; und wer sie annimmt, darf kommen.

Bleiben wir also ganz einfach bei dem, was geschrieben steht, und fügen wir den biblischen Aussagen nicht unsere menschlichen Vernunftschlüsse hinzu. Gott ist ewig, allmächtig, souverän. Niemand kann ihm in den Arm fallen; seine Ratschlüsse gehen in Erfüllung. Wir glauben es, wir beten darüber an. Gott wendet sich von der ersten bis zur letzten Seite der Bibel an die Verantwortung des Menschen, sich für oder gegen ihn zu entscheiden. Wir beugen uns darunter und nehmen es an. Was uns Gott geoffenbart hat, wollen wir annehmen; was uns noch verborgen ist, lassen wir in seinen Händen:

«Das Verborgene ist des Herrn, unseres Gottes; aber das Geoffenbarte ist unser und unserer Kinder ewiglich, damit wir alle Worte dieses Gesetzes tun» (5. Mose 29,29).

Noch ein Wort zum Begriff «auserwählt». Er muss durchaus nicht auf eine Auswahl weniger aus einer Vielzahl hinweisen, sondern ist vielmehr ein Ausdruck der Wertschätzung. Der Herr Jesus wird *der Auserwählte Gottes* genannt (Lukas 23,35) Unter wie vielen Söhnen soll denn der Vater diesen einen ausgewählt haben? – Nein, der Auserwählte Gottes ist der vom Vater über alles Geliebte (1. Petrus 2,4+6). Und wenn wir Auserwählte sind, dann wissen und staunen wir, dass Gott uns mit unverstehbarer Zuneigung liebt. Darüber will ich mich freuen, nicht grübeln.

69. Sind die Palästinenser die biblischen Philister?

In Jeremia 47,4 steht, dass Gott alle Philister ausrotten werde. Sind die heutigen (arabischen) Palästinenser die Nachfahren dieser Philister? Dann wäre das Gerichtswort noch nicht in Erfüllung gegangen; auch steht Aschkelon noch, allerdings als neugegründete jüdische Stadt. Oder sind die Palästinenser von heute gar keine Nachkommen der Philister, die doch längst untergegangen sind?

Die Philister werden erstmals in 1. Mose 10,14 genannt. Wir erfahren dort, dass sie Nachfahren von *Mizraim* waren. Dies ist nun der hebräische Name für Ägypten. Auf arabisch heisst das Land heute noch *Mizr*. Die Philister waren, nachdem sie Ägypten verlassen und sich in *Kaphtor* niedergelassen hatten, von dort ausgewandert, um einen Streifen Landes in Kanaan zu besiedeln, wie in der oben genannten Bibelstelle steht: «Denn der Herr zerstört die Philister, den Überrest der Insel Kaphtor» (Jeremia 47,4; siehe auch 5. Mose 2,23; Amos 9,7). Kaphtor ist die hebräische Bezeichnung für die Insel Kreta. Die Philister waren also *Kreter*. So werden sie in 1. Samuel 30,14 genannt, während die gleichen Leute in Vers 16 Philister heissen. Ihre Sprache war keine semitische, sondern eine indogermanische. In der Bibel lautet der Titel philistäischer Fürsten *Sären*, verwandt mit dem griechischen Wort *Tyrann*. Diese notorischen Feinde des Volkes Gottes sind gemäss der Weissagung Jeremias, Amos (1,6), Zephanias (2,4–6) und Hesekiels (25,15–17) längst untergegangen.

Woher kommt dann der Name Palästina? Nachdem die Juden in zwei erfolglosen Revolten in den Jahren 70 und 130 n.Chr. gegen die Römer versucht hatten, ihre Unabhängigkeit zu erkämpfen, vertrieben die römischen Herren die Juden aus ihrem Land, gaben Jerusalem einen heidnischen Namen, *Aeolia Capitolina*, und nannten das ganze Land nach den alten Feinden der Hebräer *Palästina*, «Philisterland».

Als 1917 das Osmanische Reich zerfiel und Grossbritannien zur Schutzmacht jenes Gebietes wurde, das heute Jordanien und Israel umfasst, nannten sie das gesamte Gebiet Palästina. Jahrzehntelang hiessen alle Bewohner dieses Gebietes «Palästinenser», ob sie nun Juden oder Araber waren. Erst einige Zeit nach der Staatsgründung Israels im Jahre 1948, begannen sich die arabischen Bewohner Palästinas als die einzigen Palästinenser zu bezeichnen, womit sie nichts anderes sagen wollten, als dass sie die rechtmässigen Besitzer des einstmals von Briten verwalteten Gebietes «Palästina» seien. Leider hat sich in der Weltöffentlichkeit dieser einseitige Gebrauch des Namens durchgesetzt und damit auch weitgehend die ihm zugrundeliegende Meinung, die Araber seien die «wahren» Erben dieser Region. Nicht ohne Recht verweist Israel immer wieder darauf, dass die Araber ja den allergrössten Teil des ehemaligen Palästina, nämlich das heutige Jordanien, bekommen haben, und dass dies die Heimstatt der sogenannten «Palästinenser» sei, ihnen aber ganz Israel mitsamt Gazastreifen und Westjordanland zustehe.

70. War der Barmherzige Samariter gar kein Samariter?

In einer Zeitschrift las ich folgende Erklärung: «Ein Samaritaner aber kam des Weges (Lukas 10,33). Wer war dieser Barmherzige Samariter, der im Gegensatz zu dem Priester und Leviten dem unter die Räuber Gefallenen Liebe erwies? War es ein Mann aus Samaria? Mittlerweile hat man im Zuge der Sprachforschung herausgefunden, dass es sich hierbei um einen 'Schomer mischpat haschem' handelte, d.h. um einen 'Wächter der Rechte Gottes', also nicht um einen Samaritaner, sondern um einen frommen Juden, der mit grösster Sorgfalt die Gesetze Gottes befolgte und daher auch 3. Mose 19,18: 'Du sollst den Nächsten lieben wie dich selbst...' Der spätere griechische Lukastext machte aus 'Schomer' (Wächter) 'Schomron' (Samaria), was für die Nichtjuden verständlicher war als die besonders fromme Sekte der Juden.»

Das Gleichnis vom Barmherzigen Samariter will das gerade zuvor zitierte Gebot der Nächstenliebe veranschaulichen. Obige sehr originell wirkende Erklärung zur Identität des Barmherzigen Samariters krankt aber an zwei ganz entscheidenden Stellen:

Erstens ist der griechische Text des Lukas das inspirierte und gültige Wort Gottes. Es kann kein hypothetischer aramäischer oder hebräischer Text dingfest gemacht werden, welcher der eigentliche «Urtext» des griechischen Urtextes gewesen sein soll. Bei Lukas lesen wir nun (in 10,33) von einem *samarites*, und das bedeutet im Neuen Testament ohne Ausnahme Samariter, nicht Samaria (z.B. Matthäus 10,5; Lukas 17,16).

Der zweite Schwachpunkt ist dieser: Die ganze Pointe des Gleichnisses geht verloren, wenn der Samariter gar keiner ist, sondern ein besonders gesetzestreuer Jude. Das für die Juden so Anstössige war ja gerade, dass ein verhasster Samariter sich als der wahre Nächste erwies. Das sollte ihren religiösen Stolz, ihre Selbstgerechtigkeit treffen.

Und bedenken wir vor allem dies: Im Vollsinn hat kein Mensch auf dieser Erde gelebt, der sich als wahrer Nächster erwiesen hat. Allein der Mensch Jesus hat das Gebot der Nächstenliebe in allem erfüllt. Er ist eigentlich der verachtete «Samariter» des Gleichnisses, der das getan hat, was das Gesetz nie vermochte: Priester und Levit halfen dem Unglücklichen nicht. Er hingegen kam zu uns, neigte sich zu uns hernieder, goss Wein und Öl aus – sein Blut und seinen Geist – lud uns auf sein Tragtier, brachte uns in die Herberge – die Gemeinde der Erlösten – und traf Vorsorge für uns, bis dass er wiederkommt. Der Mann, von dem die Juden verächtlich gesagt hatten: «Sagen wir nicht recht, dass du ein Samariter bist und einen Dämon hast?» (Johannes 8,48), war der Retter, der liebte, wie nie ein Mensch vor ihm geliebt hat.

71. Zeichen an der Hand und an der Stirn

In 2. Mose 13,16 lesen wir nach einem von Gott gegebenen Gebot die Erklärung: «Und das soll wie ein Zeichen auf deiner Hand sein und wie ein Merkzeichen zwischen deinen Augen.» Was bedeutet das? Man wird dabei an den Antichristen erinnert, der das Tragen eines Zeichens an der Hand oder an der Stirn verfügen wird. Will er damit das Gebot Gottes kopieren, wie dies der Satan so gerne tut?

Es ist wirklich so, dass der Satan die Werke Gottes nachmacht. Luther nannte den Teufel daher ganz treffend den «Affen Gottes».

Was nun ist der Sinn der alttestamentlichen Aussage? Schauen wir uns 5. Mose 6,4–8 an, wo etwas ganz Ähnliches in einem etwas anderen Zusammenhang steht: «Höre Israel: Der HERR, unser Gott, ist nur *ein* HERR! Und du sollst den HERRN, deinen Gott, lieben mit deinem ganzen Herzen und mit deiner ganzen Seele und mit deiner ganzen Kraft. Und diese Worte, die ich dir heute gebiete, sollen auf deinem Herzen sein. Und du sollst sie deinen Kindern einschärfen und davon reden, wenn du in deinem Hause sitzest, und wenn du auf dem Wege gehst, und wenn du dich niederlegst, und wenn du aufstehst. Und du sollst sie zum Zeichen auf deine Hand binden, und sie sollen zu Merkzeichen sein zwischen deinen Augen.»

Wir lernen aus diesen Worten, dass der erlöste Mensch den Herrn, seinen Gott, über alles lieben soll, und dass er diese Liebe nur dadurch beweisen kann, dass er beständig über sein Wort nachsinnt, es lebt und lehrt (vgl. 1. Johannes 5,3). Dieses Wort soll wie ein Zeichen auf der Hand sein, das heisst, dass Gottes Wort all unser Handeln regieren soll. Es soll beständig wie ein Mal zwischen den Augen haften, will sagen, dass Gottes Wort in all unserem Tun und Lassen die Blickrichtung festlegen soll. Ich habe nicht umsonst geschrieben «*wie* ein Zeichen», denn im buchstäblichen Sinn ist es nicht gemeint. Die Juden in nachexilischer Zeit haben freilich, von diesem Bibelwort ausgehend, die bis heute bestehende Sitte entwickelt, Riemen mit Bibelworten um die rechte Hand und ein kleines Kästchen mit einem Bibelwort an die Stirn zu binden, wenn sie beten.

In Offenbarung 13,16 erfahren wir nun, dass der Antichrist alle Menschen veranlassen wird, das Zeichen des Tieres an die Stirn oder an die rechte Hand anzunehmen. Das werden alle tun, deren Sinnen und Handeln nicht von Gottes Wort regiert ist. Das zeigt uns in erschütternder Weise, wie der Mensch in der letzten Konsequenz von Satan geprägt und auf seine Absichten ausgerichtet wird, wenn er nicht von Gott geprägt ist. Das Hauptwort zum Zeitwort «prägen» ist «Prägung», griechisch: *Charaktèr*. Wer formt unseren Charakter? Gott und sein Wort – oder der Gott dieser Welt und der Zeitgeist? Das ist die grosse Frage, die wir uns anhand jenes alten Gebotes stellen.

72. Warum mussten Nadab und Abihu sterben?

In 3. Mose 10,1+2 lesen wir von Nadab und Abihu, dass sie «fremdes Feuer vor dem Herrn» darbrachten. «Da ging Feuer vom Herrn aus und verzehrte sie, und sie starben vor dem HERRN.» Was hatten denn die beiden jungen Burschen Schlimmes getan? Gott ist doch nicht so kleinlich, dass er jede Geste beobachtet und sofort bestraft. Warum diese harte Strafe?

Etwas ist den beiden genannten Fällen gemein: Beidemale haben Tat und Strafe etwas mit dem Gottesdienst Israels zu tun. Darin muss auch die Erklärung für die Härte der Strafe liegen.

Eines dürfen wir wissen: Gott ist nicht kleinlich. Der ganze Weg der Errettung ruft laut das Gegenteil. Wo wäre ein Mensch, der so frei und vollkommen vergibt wie Gott? Und welcher Adamssohn würde alles, was er hat, mit seinen Feinden teilen? Nein, Gott ist Liebe, und in seiner Liebe ist er freizügig, ja, verschwenderisch. Gottes harte Strafe über Nadab und Abihu und später Ussa (2. Samuel 6,6+7) war gewiss Ausdruck seiner Heiligkeit, aber diese streitet nie wider seine Liebe, denn Gott kann sich selbst nie verleugnen. Selbst im Gericht bleibt er der ewig unveränderliche Gott der Liebe. So hat er auch aus Liebe in diesen Fällen schnell und drastisch gestraft.

Liebe? Wie denn? Gibt es für den Menschen etwas Grösseres, als vor Gott treten und mit ihm Gemeinschaft haben zu können? Gewiss nicht. Wie aber wollen Menschen vor Gott erscheinen, wenn er sie nicht ruft, und wenn sie ihm nicht auf dem einzigen Weg nahen, den er bereitet hat? Nadab und Abihu nun wollten auf einem selbsterdachten Weg in die Gegenwart Gottes treten. Das ist unmöglich, so unmöglich wie Selbsterlösung. Der Mensch, der nach seinen eigenen Vorstellungen Gott nahen und dienen will, betrügt sich selbst, geht in die Irre und geht am Ende verloren. Das will Gott nicht; er will vielmehr unser Heil, denn er liebt uns. Darum strafte er Nadab und Abihu sofort und vor aller Augen. Das war eine aus Gottes Liebe geborene Warnung an alle andern.

Und Gottes Heiligkeit verlangte diese Strafe. Die beiden Aaronssöhne hatten sich am Allerhöchsten und Allerkostbarsten vergriffen. Ihr «eigenwilliger Gottesdienst» (Kolosser 2,23) war nicht eine Kleinigkeit, sondern ein kühnes Trotzen wider Gott selbst. Wie Nadab und Abihu, wird Gott einst jeden Menschen richten müssen, der den einzigen Weg, den er bereitet hat, und der ihn alles gekostet hat (Johannes 3,16), verschmäht und mit religiösen Übungen Gott betrügen zu können vermeint hat.

73. Warum musste Ussa sterben?

Warum musste Ussa, als er die Bundeslade festhielt, da sie vom Karren zu gleiten drohte, sterben (2. Samuel 6,6+7)? Warum diese drastische Strafe?

In 2. Samuel 6 wird beschrieben, wie David die Bundeslade nach Jerusalem holt. Dabei befragt er nicht Gott und sein Wort, sondern verfährt nach eigenem Gutdünken: Er lädt die Bundeslade auf einen neuen Wagen, der von Rindern gezogen wurde, anstatt dass er sie von Leviten auf Stangen tragen lässt, wie es das Gesetz vorschrieb (2. Mose 25,13+14; 4. Mose 7,9). Die Rinder rutschen plötzlich aus, und die Lade droht zu Boden zu fallen. Da meint Ussa, er müsse die Lade mit seinen Händen stützen.

Ist nicht Gott der Herr über die Schöpfung, und fällt auch nur ein Spatz zur Erde ohne seinen Willen? Dass die Rinder plötzlich ausrutschen, ist kein Zufall, sondern Gott will David und seinen Leuten zeigen, dass ihr ganzes Unternehmen nicht nach seinen Gedanken ist. Nichts hätte das handgreiflicher demonstrieren können, als wenn die Lade auf den Boden gestürzt wäre. Ussa prescht vor und meint, genau das verhindern zu müssen. Zudem dachte er, er könne mit seinen ohnmächtigen Händen den Thron Gottes stützen, denn dies und nichts anderes ist die Bundeslade (Psalm 80,2). Ussa will der Hand Gottes wehren, und stirbt. Damit setzt Gott ein deutliches Zeichen dafür, dass er regiert, und dass seine Regierung wahrlich nicht durch Menschen gestützt werden kann. Nein, der Mensch kann sich seiner Herrschaft nur unterwerfen, er kann sie nicht erhalten. Unterwirft er sich nicht, wie in diesem Fall die Israeliten, und meint er noch, seinem eigenmächtigen Tun die Aura göttlicher Legitimation nicht allein geben, sondern diese auch um jeden Preis retten zu müssen – darum darf die Bundeslade ja nicht zu Boden fallen –, streitet er offen wider Gott. Welcher Mensch, der seine Hand gegen den Thron Gottes erhebt, dürfte leben? Keiner; das lernen wir am Tode Ussas.

74. Werden alle und alles mit Gott versöhnt werden?

In Kolosser 1,20 steht, dass es Gott gefiel, «alles mit sich zu versöhnen». Wenn nun alles versöhnt wird, das Sichtbare und das Unsichtbare, das, was auf Erden und das, was im Himmel ist, dann dürfen wir doch nichts auslassen. Gibt es also doch eine Allversöhnung?

Kolosser 1,20 spricht von *Dingen*, die versöhnt werden. Das griechische *ta panta* ist ein sächliches Wort in der Mehrzahl. Es bezeichnet nicht Menschen, sondern Dinge. Durch den Kreuzestod Jesu wird die ganze Schöpfung, welche durch die Sünde des Menschen mit diesem fiel, wieder befreit werden von der Knechtschaft des Zerfalls und des Todes (Römer 8,19–22). Im sich anschliessenden Vers 21 von Kolosser 1 wird dann von *Menschen* gesprochen, welche versöhnt worden sind. Von diesen heisst es aber ausdrücklich, dass sie *einst entfremdet gewesen waren* ihrer bösen Gesinnung wegen. Inzwischen waren sie es nicht mehr, weil sie umgekehrt waren, Busse getan hatten. Darum sind sie nun versöhnt. Wer nicht umkehrt, steht noch unter Gottes Zorn, denn er hat dessen Angebot, sich mit ihm versöhnen zu lassen (2. Korinther 5,20), ausgeschlagen.

Entsprechend müssen wir auch Epheser 1,10 verstehen, wo es heisst, Gott werde «alles zusammenfassen in dem Christus, das, was in den Himmeln und das, was auf der Erde ist». Alles heisst hier wiederum *ta panta*, es sind also alle *Dinge*, nicht alle Menschen gemeint. In diesem ganzen Abschnitt wird wohl meist von Menschen gesprochen, die *in Christus* von Gott mit allen geistlichen Segnungen gesegnet sind (1,3). Diese gelten indes nur für Menschen, die nicht mehr wie ehemals «tot sind in ihren Sünden und Übertretungen» (Epheser 2,1), sondern durch den Glauben an Jesus Christus gerettet wurden (2,8) und seither mit ihm vereint sind (2,6).

In Offenbarung 5,13 heisst es, dass «jedes Geschöpf, das im Himmel und auf der Erde und unter Erde und auf dem Meer ist, und alles, was in ihnen ist», Gott anbetet. In diesem Kapitel lesen wir zunächst von allen erlösten Menschen, die das Lamm anbeten (5,9). Es wird ausdrücklich gesagt, dass Gott *aus* jedem Volk und Stamm Menschen zu seinen Priestern gemacht hat, also nicht alle Menschen. Darauf lesen wir von Engeln, die Gott anbeten (5,11+12). Danach heisst es, auch «jedes Geschöpf» bete Gott an. Damit sind nun alle Geschöpfe ausser den Menschen und den Engeln gemeint. Diese werden auf ihre Weise den

Schöpfer und Erlöser verherrlichen, wie es uns im Alten Testament bereits der Psalm 148 so schön beschreibt. In einer vom Fluch des Sündenfalles befreiten Schöpfung wird nichts und niemand mehr Böses tun und verderblich handeln (Jesaja 11,9), alles wird die Herrlichkeit des Schöpfers unverhüllt widerspiegeln.

75. Was bedeutet es, dass «ganz Israel gerettet» wird?

In Römer 11,25+26 steht, dass «ganz Israel» errettet wird. Ist das so zu verstehen, dass am Ende auch jene Israeliten gerettet sein werden, die Jesus verworfen hatten?

Paulus behandelt in seinem drei Kapitel umfassenden Einschub im Römerbrief (Kapitel 9–11) das Ergehen Israels angesichts seiner Ablehnung des Messias Israels. Das Volk hatte sich am Stein des Anstosses, an Christus, gestossen und war gestrauchelt. Freilich sollte dessen Fall nicht fatal, das heisst von ewig unwiederbringlicher Folge sein (11,11). Erstens hatte sich Gott einen kleinen Überrest aus der Nation bewahrt, den er rettete. Paulus nennt sich selbst als ein Beispiel dafür (11,1+5). Die grosse Masse des Volkes aber wurde von Gott beiseite gesetzt, um später wieder von Gott angenommen zu werden. Nach Ablauf der Gemeindezeit (11,25) wird sich nun – im Gegensatz zu jenem verschwindend kleinen Überrest von Juden, die sich einzeln da und dort bekehrten –, sich mit einem Mal (Jesaja sagt «an einem Tag», 66,7+8) – ein grosser Teil der Nation bekehren. Wie namentlich die Propheten Daniel und Sacharja (Daniel 11, 32+33; 12,1–3; Sacharja 13,8) uns sagen, ist der Ausdruck «ganz» Israel nicht absolut zu verstehen. Es werden nämlich sehr viele Juden dem Antichristus statt dem kommenden Christus huldigen. Der Ausdruck «ganz» erklärt sich in Römer 11 aus dem Gegensatz zum dort zuerst erwähnten verschwindend kleinen Überrest. Matthäus sagt in seinem Evangelium, dass «Jerusalem und ganz Judäa» zu Johannes dem Täufer hinausgingen und sich von ihm taufen liessen (Matthäus 3,5+6). Dann wird dieses «ganz» eingeschränkt: Es gab eine Reihe von Leuten, die sich nicht taufen liessen.

76. Um welches Gericht geht es in Matthäus 11,20–24?

In Matthäus 11,20–24 ruft der Herr Jesus ein Wehe über die Städte Chorazin, Bethsaida und Kapernaum aus und sagt, es werde Tyrus, Sidon und Sodom erträglicher gehen am Tage des Gerichts als diesen. Welcher «Tag des Gerichts» ist hier gemeint?

Da Sodom längst nicht mehr existierte, sondern von Gott bereits gerichtet worden war, kann nicht ein Gericht ähnlicher Art gemeint sein, also die Zerstörung dieser Städte durch eine von Gott gesandte Katastrophe. Es geht um das *kommende Gericht* vor dem grossen weissen Thron, in dem alle im Unglauben Verstorbenen gerichtet werden müssen (Offenbarung 20,11–15). Wenn hier Städte genannt werden, sind selbstverständlich die Bewohner derselben gemeint. Und diese werden von Gott vollkommen gerecht beurteilt und gerichtet, das heisst gemäss ihrem Wissen und der diesem Wissen entsprechenden Verantwortung. Weil die Bewohner von Kapernaum im Gegensatz zu den Einwohnern Sodoms nicht allein das vollkommene Gesetz Gottes kannten, sondern darüber hinaus den Sohn Gottes selbst gesehen und gehört hatten, waren sie weit schuldiger und verdienten daher eine schwerere Strafe. In Lukas 12,47+48 lehrt der Herr diesen Grundsatz der verschiedenen Schwere der Strafe ausdrücklich.

77. Aus welcher «Gefangenschaft» befreit Gott?

In Hesekiel 16,53 lesen wir von Sodom und Samaria, dass Gott «ihre Gefangenschaft wenden» werde. Ist das nicht ein Hinweis darauf, dass Gott Menschen, die in ihrer Sünde gestorben sind, eines Tages dennoch aus dem ewigen Kerker befreien wird?

Die Bibel fordert uns eindringlich auf, die Gelegenheit zur Errettung jetzt, *während unseres irdischen Lebens* zu ergreifen (2. Korinther 6,2; Hebräer 3,7); denn so wie der Baum fällt, bleibt er liegen (Prediger 11,3). Nach dem Tod ist es zu spät. Darum bezieht sich die Stelle in Hesekiel – wie auch in Jesaja 42,7 – auf das Gefängnis der Sünde und des Unglaubens, in dem sich der Mensch befindet. Aus diesem will Gott retten. Auch in Psalm 107,10–14 ist der Kerker der Sünde gemeint, nicht das ewige Gefängnis, in dem sich die Geister der im Unglauben Verstorbenen befinden. Dass der Herr Jesus nicht in dieses Gefängnis ging und predigte, wie anhand von 1. Petrus 3,19 und 4,6 oft gesagt wird, habe ich an anderer Stelle erklärt (100 Fragen zur Bibel, Bd.1).

78. Wird der Baum des Lebens alle Völker heilen?

In Offenbarung 22,1+2 lesen wir, dass die Blätter des Baumes des Lebens den Nationen zur Heilung dienen. Heisst das nun, dass alle Völker von der Sünde befreit und geheilt werden?

Gerade im Buch der Offenbarung lesen wir in den vorangegangenen Kapiteln, dass Gott die Menschen richten muss, weil sie sich bis zuletzt gegen ihren Schöpfer und Erlöser auflehnten. In Kapitel 20,15 wird uns unmissverständlich gesagt, dass die Menschen, die nicht im Buch des Lebens eingetragen sind, in den Feuersee, den Ort ewiger Pein (Matthäus 25,41) geworfen werden.

Es werden in den Gerichten, welche die ganze Erde treffen, freilich nicht alle Menschen und alle Nationen umkommen. Solche, die jenen Gerichten entgehen, weil sie auf den Ruf zur Umkehr und auf die Heilsbotschaft gehört haben (Offenbarung 14,6+7), werden in das Friedensreich des Messias Israels eingehen. Obwohl sie nicht zur erwählten Nation gehören, dürfen sie an allen Segnungen dieses Reiches teilhaben, und zu diesen gehört auch, dass sie Heilung von allen Folgen der Sünde erfahren werden. Davon spricht 22,1+2.

79. Werden alle Menschen gerettet, weil Jesus Christus gestorben ist?

In 1. Korinther 15,22 lesen wir: «Denn wie in Adam alle sterben, so werden auch in Christus alle lebendig gemacht.» Ist das nicht ein klarer Hinweis darauf, dass durch die Erlösungstat Christi schliesslich alle Menschen gerettet werden?

Nein, es werden nicht alle Menschen gerettet. Die Bibel spricht an zahllosen Stellen davon, dass der Mensch verlorengeht, wenn er in der Sünde des Unglaubens verharrt (Johannes 3,36), und dass nur derjenige gerettet wird, der an den Sohn Gottes glaubt (Johannes 3,16; 5,24).

Nun sagt die zitierte Stelle aus dem Korintherbrief, dass gleichwie in Adam alle Menschen sterben, so werden all diejenigen Menschen ewig leben, die *in Christus* sind. Dass alle Menschen von Geburt an in Adam sind, ist offenkundig. Aber es sind nur jene Menschen *in Christus*, die persönlich zum Glauben an den Christus Gottes gekommen sind. Für diese gilt dann freilich, dass das von Gott geschenkte ewige Leben so gewiss ist wie der natürliche Tod für alle Adamskinder.

80. Ist der Name Jesus auch der Name des Vaters?

In Johannes 17,11 betet der Herr Jesus zum Vater: «Bewahre sie in deinem Namen, den du mir gegeben hast.» Ist der Name Jesus, den der Vater ihm durch den Befehl des Engels gegeben hatte (Lukas 1,31), auch der Name des Vaters selbst? Ist dies vielleicht ein Hinweis darauf, dass in dem Namen Jesus (hebräisch: Jehoschua = Jahwe rettet) der Name Jahwe enthalten ist?

Der Name, den Gott seinem Sohn gegeben hat, ist tatsächlich der Name Jesus, wie aus Philipper 2,9+10 deutlich wird. Gott hat seinem Sohn den Namen gegeben, der über alle Namen ist, den Namen Jesus, in welchem sich einst alle Knie beugen werden. Es ist richtig, dass die griechisch-lateinische Form «Jesus» im Hebräischen *Jehoschua* lautet, worin der Gottesname Jahwe enthalten ist. Der Mensch Jesus von Nazareth sollte den Namen «Jahwe rettet» bekommen, weil er sein Volk von ihren Sünden retten sollte (Matthäus 1,21). Das zeigt deutlich, dass Jesus der ewige Gott in Menschengestalt ist, denn er ist es, der das Volk von den Sünden rettet. Und wer vermöchte das, ausser Gott?

Gewiss, der Sohn Gottes war von Ewigkeit her Gott und bei Gott (Johannes 1,1+18), aber das Neue und Unfassbare ist, dass er Mensch wurde, und seither *ein Mensch* den Namen Gottes selbst trägt. Vor diesem Sohn des Menschen, wie Daniel ihn nennt, wird sich einst alles verneigen (Daniel 7,13+14).

Wir können sagen, dass der Name Jahwe sich im Alten Testament bald auf den Vater (Psalm 110,1), bald auf den Sohn (Psalm 23,1) bezieht. In dem Sinn ist der Name des Vaters auch der Name des Sohnes. Dennoch sollten wir nicht vergessen, dass der Vater nicht der Sohn und der Sohn nicht der Vater ist. Sie sind eins in ihrer Göttlichkeit, eins in ihrem Willen und in ihren Absichten; gleich an Macht und gleich an Herrlichkeit; beide gleich anbetungswürdig. Sie sind nicht voneinander zu trennen, wiewohl voneinander zu unterscheiden. Darum sollten wir nicht sagen, der Name Jesus sei der Name des Vaters; denn es ist der Sohn, der diesen Namen bekam; zudem könnte dies zur falschen Annahme verleiten, dass der eine Gott nicht in drei Personen geoffenbart ist.

In Johannes 17,11+12 geht es in erster Linie nicht um den Namen Jesus, den Gott ihm gab, sondern um die Vollmacht, die der Sohn Gottes auf Erden hatte, im Namen Gottes zu handeln (vgl. Lukas 5,21–24; Matthäus 21,23). Die göttliche Macht, die sein Handeln auf Erden legitimiert hatte, sollte auch weiterhin die Jünger bewahren, nachdem er sie verlassen hatte und zum Vater zurückgekehrt war.

81. Wer sind die Wundertäter von Matthäus 7,22?

Was für Menschen sind gemeint, von denen es in Matthäus 7,22 heisst, sie hätten im Namen Jesu grosse Wunderwerke getan? Sind das Menschen, die nicht wiedergeboren sind?

Der Zusammenhang ist wichtig, um die Frage richtig zu beantworten. In Kapitel 7 spricht Jesus vom Weg, der in sein Reich hineinführt. Darum spricht er zuerst davon, dass wir nicht so sehr die Sünden anderer richten, sondern zuerst unsere eigenen Sünden *erkennen und bekennen* sollen (7,1–5). Die Umkehr vom eigenen Weg und das Bekenntnis unserer Sünden vor Gott vergleicht Jesus sodann mit dem Eingehen durch die enge Pforte (7,13+14).

Darauf warnt uns der Herr vor falschen Propheten, vor solchen, die nicht durch die enge Pforte eingegangen waren. Man würde sie an ihren Früchten erkennen, und die erste und wichtigste Frucht des neuen Lebens ist die «Frucht der Busse» (Matthäus 3,8). Wer solche Frucht brachte, erwies sich als ein guter Baum; wer diese nicht aufwies, war noch ein fauler Baum, der nur abgehauen und ins Feuer geworfen werden konnte (Offenbarung 20,15). Umsonst werden sich Menschen, die nie durch die enge Pforte eingegangen sind, auf ihre vermeintlich grossen Taten berufen. Es ist zu beachten, dass diese selbst behaupten, sie hätten im Namen Jesu Christi Wunderwerke getan. Weder die Werke noch die Leute, die sich mit ihnen brüsteten, wird der Herr anerkennen. Er sagt von ihnen, er habe sie *niemals* erkannt. Sie waren also nie Christen, nur Scheinchristen. Von echten Christen sagt 2. Timotheus 2,19 hingegen: «Der Herr kennt, die sein sind.»

82. Widerspruch zwischen Jesaja und Offenbarung?

In Jesaja 65,20 bin ich auf eine Aussage gestossen, die ich nicht begreife: «Es sollen nicht mehr da sein Kinder, die nur etliche Tage leben, oder Alte, die ihre Jahre nicht erfüllten; sondern die Knaben sollen hundert Jahre alt sterben und die Sünder hundert Jahre alt verflucht werden.» Solche Aussichten für den Neuen Himmel und die Neue Erde?! In Offenbarung lesen wir hingegen: «Und der Tod wird nicht mehr sein (...) Und kein Fluch wird mehr sein.» Wie ist es zu verstehen, dass Jesaja dennoch von Fluch und von Tod spricht?

In Jesaja 65,17–25 wird das Messianische Friedensreich beschrieben. Der Vers 25 wiederholt fast wörtlich, was in Jesaja 11,6+7+9 über die Regierung des Messias gesagt wird. Während seiner Regierung, die wir auch das Tausendjährige Reich nennen, wird der Verführer der Menschen im Abgrund gebunden sein (Offenbarung 20,2–3), weshalb die Menschen nicht zur Sünde verleitet werden. Dennoch wird es einzelne geben, die sich auch in dieser Zeit gegen den Herrn und seine Herrschaft versündigen. Solche werden dann unmittelbar mit dem Tod bestraft werden. Auch Jesaja 66 spricht von Menschen, die in jener Zeit vom Herrn abfallen. Allerdings wird das die Ausnahme sein, weshalb Jesaja sagt: «Als Knabe gilt, wer hundert Jahre alt stirbt.»

Jesaja spricht nicht vom Neuen Himmel und von der Neuen Erde, welche Johannes uns beschrieben hat, denn dort wird es weder Sünde noch Fluch noch Tod geben. In 65,17 lesen wir zwar: «Denn siehe, ich will einen neuen Himmel und eine neue Erde schaffen...» Das kann auf zwei Arten verstanden werden. Es kann dies eine Ankündigung sein, dass Gott eines Tages einen neuen Himmel und eine neue Erde erschaffen wird, wiewohl in den sich anschliessenden Versen nicht diese, sondern die Segnungen des Tausendjährigen Reiches beschrieben werden. Oder aber der Ausdruck «neuer Himmel und neue Erde» bedeutet die von den Folgen des Sündenfalls befreite und damit erneuerte, aber noch immer ursprüngliche Erde. Die vom Fluch befreite Schöpfung wird sich so sehr von der gefallenen unterscheiden, dass man mit Fug von einer neuen Erde sprechen kann.

Im Vollsinn werden aber der neue Himmel und die neue Erde erst erschaffen werden, nachdem die gegenwärtige Schöpfung im Brande aufgelöst und hinweggetan worden ist (2. Petrus 3,10–13). In der neuen

Schöpfung wird, wie Petrus ausdrücklich sagt, Gerechtigkeit «wohnen», das heisst, sich auf immer niedergelassen haben, um nie mehr durch Sünde angetastet zu werden.

83. Sind die zehn Jungfrauen alle Christen?

Wer ist mit den zehn Jungfrauen (Matthäus 25,1–13) gemeint? Sind das Menschen, die nicht wiedergeboren sind?

Mit den zehn Jungfrauen von Matthäus 25 verhält es sich etwas anders als mit den Wundertätern von Matthäus 7. Die fünf Klugen sind wirklich Gerettete; die fünf Törichten waren lediglich Mitläufer. Erstere hatten Öl in ihren Lampen: Sie hatten durch Busse und Umkehr den Heiligen Geist empfangen. Die Törichten glichen den Klugen äusserlich und gingen auch mit ihnen den gleichen Weg. Das Kommen des Bräutigams offenbarte freilich ihren fatalen Mangel. Sie hatten kein Öl: Sie hatten nie durch Busse und Glauben den Heiligen Geist empfangen (Galater 3,2; Epheser 1,13).

So können wir heute oft nicht unterscheiden, wer wirklich Leben aus Gott hat und wer nicht. Beim Kommen des Herrn wird aber eindeutig und unwiderruflich geschieden zwischen Spreu und Weizen, zwischen Wiedergeborenen und Mitläufern.

Im Buch «Wo hört die Gnade Gottes auf?» habe ich die Stelle ausführlich behandelt. Es folgt ein Auszug daraus:

«Das Gleichnis von den zehn Jungfrauen spricht, wie so viele der Himmelreichsgleichnisse, von einer Scheidung, die mitten zwischen Menschen hindurchgeht. Hier trennt das Kommen des Bräutigams zwischen 'klugen' und 'törichten' Jungfrauen. Es gibt grundsätzlich zwei mögliche Erklärungen für die beiden dergestalt geschiedenen Gruppen:

a) Alle sind Erlöste; die einen sind kluge Erlöste, die beim Kommen des Bräutigams zu ihm eingehen dürfen. Die andern sind törichte Erlöste, die beim Kommen des Bräutigams von seiner Gemeinschaft ausgeschlossen werden.

b) Nur eine Gruppe sind Erlöste, die andere Gruppe sind Mitläufer.

Ich möchte zeigen, warum die zweite Erklärung mir als die einzig biblische erscheint: Zunächst befindet sie sich in Einklang mit einem Grundthema der Himmelreichsgleichnisse, der Vermischung von 'Weizen' und 'Unkraut' (Matthäus 13,24–30), 'guten Fischen' und 'faulen Fischen' (Matthäus 13,47–50), den geladenen Gästen und dem Gast ohne Hochzeitskleid (Matthäus 22,11–13). Es geht dabei stets um 'Söhne des Reiches' und 'Söhne des Bösen', um Erlöste und nur scheinbar Erlöste.

Daher ist es am naheliegendsten, auch für das zehnte Himmelreichsgleichnis im Matthäusevangelium eine analoge Scheidung, die erst durch das Kommen des Herrn endgültig offenbar wird, anzunehmen.

Wir müssten uns auch fragen, ob das ein logisches Bild ergibt, wenn zwischen klugen und törichten Erlösten unterschieden werden soll, und es von *allen* heisst, sie seien eingeschlafen. Wenn man schon von Erlösten sagen will, sie seien 'klug', dann müssten sie doch sicher wach und wachsam sein, ansonsten sie dieses Attribut nicht verdient haben. Nein, die Grenze zwischen töricht und klug verläuft zwischen Wiedergeborenen und nicht Wiedergeborenen.

Die Torheit der törichten Jungfrauen bestand darin, äusserlich den klugen gleich zu sein und wie diese eine Lampe zu haben, aber das Entscheidende nicht zu besitzen: Öl. Eine Lampe ohne Öl ist wie eine Taschenlampe ohne Batterien, ein Auto ohne Benzin, ein Rechner ohne Strom; ein schlechter Witz, eine unbegreifliche Torheit. Aber noch grösser, ja, unüberbietbar die Torheit, so zu tun, als sei man Christ, und doch keiner zu sein. Wie tragisch das Erwachen! Wie im Gleichnis wird erst das Kommen des Herrn über jeden Zweifel hinaus an den Tag bringen, wer wirklich ein Erlöster ist und wer nicht. Wenn alle schlafen (Schande uns!), ist das vorher nicht mit Sicherheit auszumachen.»

84. Was ist mit dem «Himmel» in 1. Mose 1,8 gemeint?

In 1. Mose 1,1 steht, dass Gott im Anfang Himmel und Erde schuf. Warum musste er dann in 1. Mose 1,8 wieder einen Himmel machen? So wie es geschrieben steht, scheint alles Wasser gewesen zu sein.

Der erste Satz im Schöpfungsbericht ist eine das ganze Nachfolgende zusammenfassende Aussage, also die Überschrift über das Kapitel 1. «Himmel und Erde» steht als Ausdruck für die ganze sichtbare Schöpfung, für das Universum. Beide hier gebrauchten Wörter haben im Schöpfungsbericht mehr als eine Bedeutung. «Erde», hebräisch *ärätz*, kann den ganzen Erdball meinen, so in 1,1. Es kann aber auch nur den trockenen Teil der Erdkugel bezeichnen; so in 1,10. «Himmel», hebräisch *schamajim*, kann für das ganze die Erde umgebende All stehen, so in 1,1; aber auch nur für die Lufthülle, welche die Erde umgibt, so in 1,8. Darüber hinaus kann Himmel noch für etwas stehen, das gar nicht zur sichtbaren Schöpfung gehört, nämlich zu jener für uns sinnlich nicht zugänglichen Welt, in der Gott wohnt.

War nun der Himmel von 1. Mose 1,8 alles Wasser? Nein, Gott schied die Wasser so voneinander, dass unten Wasser war, also auf der Erde. Jenes Wasser wurde dann am dritten Schöpfungstag gesammelt und vom Erdboden geschieden. Und oben war Wasser, das heisst über der am zweiten Schöpfungstag erschaffenen Lufthülle. Es wird ein gewaltiger Gürtel von Wasserdampf gewesen sein, der in grosser Höhe den Erdball umgab. Der «Himmel» selbst aber war nicht Wasser, sondern Luft.

85. Warum ist der Gott des AT ein Gott der Rache?

Warum ist der Gott des Alten Testaments ein Gott der Rache, und der Gott des Neuen Testaments ein Gott der Liebe? Hierin liegt doch ein Widerspruch, oder nicht?

Der Gott des Alten Testaments ist der gleiche wie der Gott des Neuen Testaments. Denn Gott ist ewig unveränderlich. In Maleachi 3,6 sagt er: «Ich, der Herr, verändere mich nicht.» Die verbreitete Ansicht, wir hätten es im Alten Testament mit einem Gott der Rache und im Neuen mit einem Gott der Liebe zu tun, beruht auf oberflächlicher Kenntnis sowohl des Alten als auch des Neuen Testaments. Gott war und ist ein Rächer der Ungerechtigkeit und Sünde. Im Neuen Testament wird daher aus dem Alten zitiert: «Mein ist die Rache, ich will vergelten, spricht der Herr» (Römer 12,19, als Zitat von 5. Mose 32,35). Das berühmte Gebot, man solle seinen Nächsten lieben wie sich selbst, ist entgegen weitverbreiteter Auffassung nicht neutestamentlich. Es stammt aus dem 3. Mosebuch (19,18). Und der Satz: «Es ist furchtbar, in die Hände des lebendigen Gottes zu fallen», steht im Neuen Testament (Hebräer 10,31).

Gott ist Licht (1. Johannes 1,5), darum muss er alles, was dem Licht, d.h. der Wahrheit und Gerechtigkeit, widerspricht, richten. Das war immer so und wird sich im kommenden Gericht, wie es das Neue Testament offenbart, bestätigen, wenn der unbestechliche Richter die Menschen zur Rechenschaft ruft (Offenbarung 20,11–15).

Aber Gott war und ist auch Liebe (1. Johannes 4,16). Darum wies er dem sündigen Menschen seit den Tagen Adams immer wieder einen Weg, auf dem dieser mit ihm in Beziehung treten konnte. Alle Opfer, die Gott im Alten Testament verordnete, waren Vorwegnahmen jenes einen grössten Opfers, das Gott von Ewigkeit her vor Augen stand, auch als es noch nicht dargebracht worden war: des Opfers des Leibes Jesu Christi (1. Petrus 1,20).

In seiner unendlichen Liebe war der Gott der Liebe bereit, alles zu geben, damit der Mensch vor Gott gerecht werden kann. Gott gab uns seinen Sohn; aber er musste die Sünde stellvertretend an ihm richten, denn sonst hätte Gott seine Gerechtigkeit verleugnet (2. Korinther 5,21). Im Kreuzestod Jesu Christi strahlt beides hell auf: Gottes unfassbare Liebe und Gottes unbestechliche Gerechtigkeit.

Liebe und Gerechtigkeit sind die beiden sittlichen Grundeigenschaften des ewigen Gottes, von dem Johannes sagt: Er war, er ist, und er kommt (Offenbarung 1,8). Der Gott Abrahams, Isaaks und Jakobs ist auch der Gott und Vater unseres Herrn Jesus Christus. Er hat sich nicht geändert. Etwas aber hat sich mit dem Kommen des Sohnes Gottes geändert: *die Stellung des erlösten Menschen vor Gott.* Wir sind durch das Erlösungswerk Jesu Christi Gott nähergekommen, als alle Heiligen und Propheten vor uns es je waren. Von Johannes dem Täufer sagt Jesus Christus, er sei mehr als alle Propheten, und er sei grösser als alle vor ihm von Frauen Geborenen; aber der Kleinste im Reich Gottes ist sogar grösser als er (Matthäus 11,11).

86. Was bedeutet das «Wenden der Gefangenschaft» in Hesekiel 16,53?

Es leuchtet mir nicht ein, weshalb in Hesekiel 16 von einem anderen Gefängnis die Rede sein soll als in 1. Petrus 3,19. Wenn hier das Totenreich gemeint sein soll, warum sollen sich Stellen wie Hesekiel 16,53 und Jesaja 42,7 nicht auch auf das Totenreich beziehen? Und wenn Gott die Gefangenschaft verschiedener Städte und Völker wenden wird, bezieht sich das immer auf die Zukunft. Wie kann dann aber das Gefängnis der Sünde gemeint sein?

Warum muss in 1. Petrus 3,19 mit dem «Gefängnis» das Totenreich gemeint sein? Weil dort von den «Geistern, die im Gefängnis sind», die Rede ist. Der Ausdruck «Geister» bezeichnet die Menschen, die nicht mehr im Fleische sind (vgl. für hingeschiedene Gerechte Hebräer 12,23).

In Jesaja 42,7 kann nun nichts anderes gemeint sein als der Kerker der Sünde. Der Herr liest die Stelle ja in der Synagoge in Nazareth vor (Lukas 4,18+19) und gibt zu verstehen, sie sei vor den Augen der Leute erfüllt. Er war also gekommen, um lebende Menschen – das waren ja die Synagogenbesucher – aus dem Kerker zu befreien. In Jesaja 42 ist daher nicht von «Geistern» die Rede, sondern von «Volk» und «Nation»; denn es geht nicht um Tote.

In Hesekiel werden Ortschaften genannt: Sodom und Samarien; mit «dein» und «du» wird auf Jerusalem angespielt. Deren Gefangenschaft soll gewendet werden. Woher man die Auslegung nimmt, mit Sodom und Samarien seien Verstorbene im Totenreich gemeint, das müsste man erklären, denn das steht durchaus nicht da. Es wird vielmehr verheissen, dass in Gottes Gericht in Gefangenschaft geratene Städte wiederhergestellt werden sollen. Dabei kommen selbstverständlich nicht die inzwischen in ihrer Sünde verstorbenen Menschen, sondern die dann lebenden Menschen in den Genuss der Wiederherstellung. Das erkennen wir beispielhaft an Israel. Es sind die Nachfahren der Juden, die im Jahre 70 n.Chr. aus dem Land vertrieben wurden, welche heute ins Land der Väter zurückgekehrt sind, um bald Gegenstand der an die Väter gemachten Verheissungen zu werden.

Was der Ausdruck «ihre Gefangenschaft wenden» bedeutet, zeigen zahlreiche Stellen, in denen er gebraucht wird. Wir lesen von Hiob: «Der Herr wendete die Gefangenschaft Hiobs» (Hiob 42,10). Das erlebte Hiob als Mensch auf dieser Erde, nicht als Hingeschiedener. Wir lesen in Psalm 14: «O dass aus Zion die Rettung Israels da wäre! Wenn der Herr die Gefangenschaft seines Volkes wendet, soll Jakob frohlocken, Israel sich freuen» (V. 8). Gemeint ist die zukünftige Wiederherstellung des Volkes Israel auf dieser Erde im Fleisch. Auch Hesekiel spricht an anderer Stelle vom Wenden der Gefangenschaft Jakobs (39,25). Gemeint ist immer dasselbe: Das durch die Sünde verursachte Exil und die Zerstreuung Israels ist die Gefangenschaft (Richter 18,3; Jeremia 15,2; Klagelieder 1,5 usw.); das Wenden der Gefangenschaft bedeutet das Ende von Israels Exil (siehe auch Jeremia 30,3; 32,44; Joel 3,1; Amos 9,14).

87. Wäre es ohne die Sonne am Tag auch hell?

In 1. Mose 1,3–5 lesen wir, wie Gott das Licht hervorrief und es von der Finsternis schied. So entstanden Tag und Nacht. Warum musste Gott dann am vierten Schöpfungstag (1. Mose 1,14–19) zwei grosse Lichter machen? Wäre es ohne die Sonne auch hell?

Der Schöpfungsbericht zeigt uns tatsächlich, dass das Licht, das den Tag hell macht, vor der Sonne bereits bestand. Es kam dreimal zu jenem Wechsel von Tag und Nacht, die wir «einen Tag» nennen, ehe die Sonne geschaffen wurde. (Wir haben wieder ein Beispiel für ein Wort, das im Schöpfungsbericht zwei Bedeutungen hat: «Tag», hebräisch *jom*, steht sowohl für die 24-Stunden-Periode, das heisst für den Kalendertag, als auch für die helle Hälfte des Kalendertages.) War nun das Licht, das den Tag erhellte, vor der Sonne da, dann kann tatsächlich das Tageslicht nicht von der Sonne abhängig sein. Die Sonne, die Gott am vierten Tag an den Himmel setzte, ist der sichtbare Ausdruck für die eigentlich unsichtbare Quelle des Lichts. Alles Licht kommt von Gott; er sprach, und dann ward Licht. Die Sonne *begleitete* also strenggenommen lediglich das Hellwerden, war aber nicht dessen letzte Ursache.

Nun sagt uns das Wort Gottes, dass die Schöpfung die Herrlichkeit Gottes verkündet (Psalm 19,1), das heisst, sie ist ein Spiegelbild von Gottes Wesenheiten. Bekanntlich wird der wiederkommende Messias von Maleachi mit der aufgehenden Sonne verglichen: «Die Sonne der Gerechtigkeit wird aufgehen, und Heilung ist unter ihren Flügeln» (Maleachi 3,20). Sagt uns das nicht, dass die Sonne als *körperhafte* Lichtquelle uns an den Sohn Gottes erinnert, der in seiner *Menschwerdung* sichtbare Gestalt annahm und als Mensch auf der Erde sagte: «Ich bin das Licht der Welt»? Er war aber dieses Licht von Ewigkeit her, auch bevor er in dieser Welt in greifbarer Gestalt erschien. So war das Licht zuerst da, bereits am ersten Schöpfungstag, erst später erschien die Sonne.

88. Verzögerter Geistesempfang?

In Apostelgeschichte 8,14–18 steht, Samaria habe das Wort Gottes angenommen und sei getauft worden, doch der Heilige Geist sei noch auf keinen von ihnen gefallen. Bis jetzt dachte ich immer, dass jeder Mensch bei seiner Bekehrung den Heiligen Geist bekommt. Wieso mussten in diesem Fall zuerst Petrus und Johannes zu ihnen gehen und ihnen die Hände auflegen?

Durch den Glauben an Jesus Christus werden wir Gottes Kinder (Johannes 1,12; 3,16; 1. Johannes 5,12 etc.). Es ist unmöglich, Kind Gottes zu sein, zum Leib Christi zu gehören, ohne den Heiligen Geist empfangen zu haben. Kristallklar bezeugt Gottes Wort: «*... wer aber Christi Geist nicht hat, der ist nicht sein*» (Römer 8,9).

Wenn ein Sünder sich bekehrt, also an Jesus Christus gläubig wird, schenkt ihm Gott die in Johannes 3 erwähnte Neugeburt (Wiedergeburt). In Johannes 3,5 zeigt das Wasser (Wasser = Wort; Johannes 15,3, Epheser 5,26) die Busse und Bekehrung an, der Geist weist auf den Empfang des Heiligen Geistes hin. Die Innewohnung des Heiligen Geistes ist das Geburtsrecht jedes Wiedergeborenen. Dies ist im wesentlichen klare biblische Lehre, ohne dass wir nun in diesem Rahmen detaillierter darauf eingehen können.

Gerade aus der Apostelgeschichte sollten wir lernen, Gottes souveränes Handeln in einer bestimmten und besonderen Lage nicht zur allgemeingültigen Doktrin zu erheben. Wir können Gott nie vorschreiben, wie er handeln soll und muss. Er widerspricht sich aber nie!

Die Juden und die Samariter waren erbitterte Feinde. Besonders die Juden begegneten den Samaritern mit grösster Verachtung. Und nun empfingen etliche Samariter durch den Glauben an Jesus Christus Vergebung ihrer Schuld. Die beiden Apostel, Petrus und Johannes, werden nun von der Jerusalemer Gemeinde nach Samarien geschickt, um der Sache nachzugehen. Den Juden – auch den an Christus gläubig gewordenen – fiel es unglaublich schwer zu begreifen, dass auch die mit Heiden vermischten Samariter vom lebendigen Gott angenommen wurden. Indem nun die beiden Apostel den in Samarien Gläubiggewordenen die Hände auflegten, identifizierten sie sich mit ihnen. Gott bestätigte dieses Sich-identisch-Erklären dann sichtbar durch die Ausgiessung des Heiligen Geistes. Gott verlangte hier also zuerst eine beispielhafte Einheit – daher dieses einmalige, souveräne Handeln Gottes.

Bei Gott ist kein Ansehen der Person. Diese wichtige Lektion sollten auch wir lernen. Das Ganze wird für uns noch etwas verständlicher, wenn wir in Apostelgeschichte 10 sehen, wie der lebendige Gott den Apostel Petrus auf eine besondere Weise vorbereiten muss, bis er in das Haus eines Heiden geht, um auch diesen Menschen die Frohe Botschaft von der Liebe Gottes in Jesus Christus zu verkündigen. Wir können uns vorstellen, welche Mühe es den Aposteln bereitet haben musste, dass ausgerechnet die verhassten, verachteten Samariter ihre Brüder und Schwestern in Christo geworden waren. Gleichzeitig war es auch für die Samariter ein unmissverständliches Reden Gottes, dass sie den Heiligen Geist erst mit dem Kommen der jüdischen Apostel empfingen. Für beide Gruppen war dies eine Lektion aus Gottes Erziehungsschule:

Der Geist Gottes bietet keinen Raum für Rassendünkel und Parteiungen; im Leib Christi ist weder Jude noch Samariter, weder Grieche noch Barbar (Galater 3,28; Kolosser 3,11).

Der Mensch kann selbstverständlich nie über den Geist Gottes verfügen. Der Heilige Geist aber will über uns verfügen! Nicht wir haben ihn; er will uns haben. In Epheser 5,18 schreibt Paulus: «Werdet voll Heiligen Geistes.» Voll Heiligen Geistes wird man aber allein auf dem Weg des Gehorsams und der Hingabe an Jesus Christus.

89. Hat nur, wer in Zungen redet, die Geistestaufe empfangen?

Muss ich aus Stellen wie Apostelgeschichte 2,1–4 und 10,44–46 und Markus 16,17 schliessen, dass nur die in Zungen redenden Gläubigen die Geistestaufe erhalten haben? Ist das tatsächlich das Zeugnis oder die Folge davon?

Die Frage kann ganz einfach und ohne Umschweife mit Nein beantwortet werden. Die einzige Stelle, in der in den Lehrbriefen von der Taufe mit dem Geist gesprochen wird, ist 1. Korinther 12,13. Es heisst dort: «Denn auch in einem Geiste sind wir alle zu einem Leibe getauft worden, es seien Juden oder Griechen, es seien Sklaven oder Freie, und sind mit einem Geist getränkt worden.» Paulus sagt ausdrücklich «wir alle»; das bedeutet, dass *jeder Glaubende* mit dem Heiligen Geist getauft worden ist. Hingegen gibt er im gleichen Kapitel des 1. Korintherbriefes zu verstehen, dass *nicht* alle Gläubigen in Zungen reden (V. 30). Es ist also unwiderlegbar falsch zu sagen, nur wer in Zungen rede, sei mit dem Geist getauft.

Beachten wir den Zusammenhang, in den Paulus seine Aussage von 1. Korinther 12,13 stellt. In dieser Gemeinde waren Spaltungen und Parteiungen (1,10–13; 11,18). In Kapitel 12 nimmt der Apostel Paulus eine der Ursachen für solche Parteiungen auf: Es bestand einerseits Überheblichkeit bei Gläubigen, die geistliche Gaben besassen, von denen sie meinten, diese seien die wichtigsten (12,17–21); umgekehrt fühlten sich andere unwichtig, weil sie die entsprechenden Gaben nicht besassen (12,15+16). Da macht Paulus klar, dass es verschiedene Dienste und verschiedene Gaben (und damit Aufgaben) gibt, dass es aber immer der gleiche Gott ist, der verschiedene Aufträge gibt (3,5–8), und dass stets der selbe Herr und der selbe Geist austeilt, wie er will (12,4–11).

Obwohl die Gaben und die Dienste vielfältig sind, so ist doch nur *ein* Leib; und die Grundlage der Einheit des Leibes ist eben die Tatsache, dass alle Gläubigen bei der Wiedergeburt den gleichen Geist empfangen haben, und dass alle Gläubigen durch diesen einen Geist zu einem Leib getauft worden sind. Die Geistestaufe begründet die *Einheit* aller Gläubigen. Wenn man nun ausgerechnet dieses das Einssein aller Glaubenden begründende Werk nimmt und damit eine Unterscheidung zwischen «geistgetauften» und «nicht geistgetauften» Gläubigen macht, dann hat man die Bedeutung der Geistestaufe ins Gegenteil verkehrt.

90. Ist Gott der Urheber auch des Bösen?

Ich habe mit Menschen zu tun, die mit der Anthroposophie und mit Esoterik sympathisieren. Bekanntlich besagt die Lehre von Yin und Yang, dass das Gute ohne das Böse nicht denkbar sei. Wir wissen aber, dass Gott nur gut ist. Wie soll ich aber meinem esoterischen Gesprächspartner Jesaja 45,7 erklären: «Der ich das Licht mache und schaffe die Finsternis, der ich Frieden gebe und schaffe das Übel. Ich bin der Herr, der solches alles tut.» Ähnliches steht in Amos 3,6.

Wir müssen uns zur Beantwortung dieser Frage einmal mehr zwei eherne Regeln gesunder Bibelauslegung vergegenwärtigen, nämlich erstens: Die Bibel wird allein durch die Bibel ausgelegt (ansonsten sie nicht mehr als Gottes Wort gälte); zweitens: mehrdeutige Stellen müssen im Lichte eindeutiger Stellen erklärt werden (ansonsten sich die Bibel widerspräche). Nun sagen unmissverständliche Bibelstellen, dass in Gott nichts Böses, keine Finsternis ist, und dass Gott niemals der Urheber von Bösem im Sinne von Sünde sein kann:

«Gott kann nicht versucht werden vom Bösen, und selbst versucht er niemanden (...) Jede gute Gabe und jedes vollkommene Geschenk kommt von oben herab, von dem Vater der Lichter, bei welchem keine Veränderung ist noch eines Wechsels Schatten» (Jakobus 1,13+17).

«Gott ist Licht, und gar keine Finsternis ist in ihm» (1. Johannes 1,5).

«Gott, der nicht lügen kann» (Titus 1,2).

«Er (Gott) kann sich selbst nicht verleugnen» (2. Timotheus 2,13).

Wenn nun in Gott keine Finsternis, keine Lüge und keine Untreue ist, und er niemals der Urheber und Veranlasser der Sünde sein kann, dann begreifen wir, dass in Jesaja 45,7 nicht gemeint sein kann, «Finsternis» und «Übel» seien unmittelbare Werke Gottes, da sich beides in Gottes Wesen befände. Es ist vielmehr so, dass Gott *über* allem steht, alles lenkt und daher «Finsternis» und «Übel» *zulässt*, den Menschen diesen Dingen *preisgibt* (Römer 1,24+26+28), wenn sich der Mensch der Sünde wegen dem gerechten Gericht Gottes ausgesetzt hat.

Schliesslich wollen wir einen weiteren ehernen Grundsatz der Bibelauslegung beachten: Wir müssen den unmittelbaren Zusammenhang berücksichtigen. Wovon wird gerade gesprochen; und wer ist der Angesprochene? Es geht in Jesaja 45 um den Perserkönig Kores, den Gott verwenden würde, um das babylonische Weltreich zu zerstören und dadurch das Exil der Juden zu beenden. Die «Finsternis» und das «Übel» (Elberfelder: «Unglück») sind mithin die Zerstörung eines gottlosen irdischen Reiches. Ausserdem hat diese Aussage gerade für einen Perser besondere Bedeutung, glaubte er doch an eine Weltordnung, die den Vorstellungen von Yin und Yang nahekommt. Er glaubte, dass hinter allem Geschehen in der Welt zwei einander ebenbürtige Gottheiten stünden, *Ahuramazda* und *Ahriman*, wobei ersterer alles Lichtvolle und Gute, letzterer alles Finstere und Üble, das uns in der Welt befallen mag, entsprang. Diesem nun sagt Gott durch den Propheten, dass nur *ein* Gott ist, der alles Geschehen in der Welt lenkt: «Auf dass man wisse vom Aufgang der Sonne und von ihrem Niedergang her, dass ausser mir gar keiner ist. Ich bin der HERR, und sonst ist keiner» (V. 6). Das bedeutet, dass Glück und Unglück letzten Endes von ihm allein abhängen. Er lenkt alles, an ihm und an der Beziehung des Menschen zu ihm hängt alles, ob Licht oder Finsternis, Frieden oder Zerstörung dessen Teil sein wird. Nicht der Perserkönig ist es, der solches zu verhängen vermag, noch auch die beiden Gottheiten, an die er glaubte.

91. Hunger in der Welt und Gottes Fürsorge

Auf einem christlichen Kalenderblatt las ich: «Alle blicken voll Hoffnung auf dich, und jedem gibst du Nahrung zur rechten Zeit. Du öffnest deine Hand, und alles was lebt, wird satt» (Psalm 145,15+16). Wenn ich nun an die Hungergebiete unserer Erde denke, dann frage ich mich, wie ich jemandem antworten soll, der mich danach fragt, wie das denn möglich sei.

Der Psalm 145 spricht von einer allgemeinen Wahrheit, die auch dann gilt, wenn Ausnahmen sie zu widerlegen scheinen. Zunächst will der ganze Psalm besagen, dass *Gott* unser wahrer Helfer ist, dass *er* es ist, der alles Lebendige am Leben erhält und ernährt. Die Betonung liegt also auf Gott als Geber aller Gaben. Nun ist es ja tatsächlich so, dass die Menschen im Laufe der Jahrtausende vom Schöpfer stets ernährt worden sind, wenngleich Hungersnöte dann und je vorgekommen sind. Diese bilden aber aufs Ganze gesehen eine Ausnahme.

Aber warum hat es dennoch Hungersnöte gegeben? Wir dürfen nicht vergessen, dass der Sündenfall die *normale* Ordnung der Schöpfung schwer beeinträchtigt hat, weshalb Mangel und Katastrophen sie immer wieder heimsuchen. All das ändert aber nichts an der Tatsache, dass der Schöpfer alles lenkt und erhält.

Die Geschichte des Volkes Israel lehrt, dass Missernten und daraus entstehender Mangel eine Folge der Untreue der Israeliten waren (Richter 6). Im Buch der Offenbarung lesen wir, dass Gott dafür sorgt, dass Überfluss zu Mangel wird (6,5+6), um damit dem Menschen die Tatsache vor Augen zu stellen, dass er seinem Schöpfer alles verdankt. So sollten wir in Psalm 145 beachten, dass im V. 15 steht: «Alle blicken voll Hoffnung auf dich.» Blicken wir vertrauensvoll zu unserem Schöpfer auf, werden wir nicht zuschanden werden. Das Problem ist aber, dass die wenigsten Menschen das tun; daher sollten wir uns nicht wundern, dass Gott dem selbstzufriedenen und sich selbst genügenden Menschen auch jede «Stütze des Brotes» bricht (3. Mose 26,26), um ihm zu zeigen, dass er ohne den Schöpfer nichts ist und nichts hat. Wenn ich die biblischen Weissagungen recht verstehe, werden auch unsere durch Überfluss satt gewordenen Regionen der Erde durch Hungersnöte (Matthäus 24,7) lernen müssen, dass wir Menschen in allem auf Gottes Güte angewiesen sind.

92. Was ist es, das das Offenbarwerden des Bösen «zurückhält»?

In 2. Thessalonicher 2,6+7 ist die Rede von einem «es» und einem «er», die das Offenbarwerden des Bösen bislang noch aufgehalten haben. Was hält den Widersacher noch auf, und wer ist ihm augenblicklich noch im Wege? Warum vermeidet Paulus auf so «geheimnisvolle» Weise eine klare Beschreibung?

Im 2. Thessalonicherbrief spricht Paulus vom Tag des Herrn, das heisst vom Kommen Christi auf diese Erde zum Gericht. Den Thessalonichern muss er sagen, dass der Tag des Herrn noch nicht gekommen sei (2,2), denn zuvor müsse der Mensch der Sünde, das ist der Antichrist, «geoffenbart worden» sein (2,3). Dann sagt er, dass die Thessalonicher wissen müssten, «was zurückhält» (V. 6), und wer es ist, «welcher zurückhält» (V. 7), dass «der Gesetzlose geoffenbart werden» kann (V. 8).

Der endzeitliche Antichrist ist noch nicht erschienen; aber die Kräfte, die ihn einst für kurze Zeit auf den Thron heben werden, sind bereits wirksam. Weil sie jedoch erst im verborgenen wirken, spricht Paulus vom «*Geheimnis* der Gesetzlosigkeit». Dieses Geheimnis wirkt so lange verborgen, bis jemand und etwas, die ihn am Offenbarwerden hindern, aus dem Wege sind. Es kommen, soweit ich die Bibel verstehe, eigentlich nur zwei Grössen in Frage, die dem Zusammenhang des Textes und der heilsgeschichtlichen Tragweite des Geschehens gerecht werden:

Das «was zurückhält», ist die Gemeinde der Erlösten; *der* «welcher zurückhält», ist der Heilige Geist. Erst wenn die Gemeinde vom Herrn aufgenommen sein wird (1. Thessalonicher 4,13–18), und damit auch der in der Gemeinde wohnende Heilige Geist keine Wohnstätte mehr auf der Erde hat (1. Korinther 3,16), wird die Bosheit so ungehindert überhandnehmen können (Matthäus 24,12), dass der Antichrist erscheinen kann.

Warum bedient sich Paulus einer so «geheimnisvollen» Sprache? Verschiedene Ausleger haben gesagt, der und das Aufhaltende seien der Römische Kaiser und sein Reich. Paulus spreche deshalb verschlüsselt, denn er könne es nicht wagen, offen von der Beseitigung des Römischen Reiches zu sprechen. Das wäre den Christen sehr schnell als religiös getarnte politische Agitation angelastet worden.

Diese Art Deutung ist durch die Geschichte längst widerlegt worden. Das Römische Reich existiert seit 1400 Jahren nicht mehr, aber der Gesetzlose ist noch nicht geoffenbart worden. Zudem ähnelt solche Art Auslegung den bis zum heutigen Tag wuchernden politisch-prophetischen Phantasien, die beständig die in der Bibel erwähnten geistlichen Kräfte und Mächte mit gegenwärtig bestehenden politischen Grössen identifizieren.

Zudem frage ich mich, ob es der Grösse und Einzigartigkeit des Wortes Gottes entspricht, dessen für alle Zeiten gegebene Offenbarung lediglich auf die aktuellen politischen Konstellationen zu beziehen. Und hat es die Bibel nötig, ihre Sprache der möglichen Unterstellungen der Feinde des Evangeliums wegen zu verschlüsseln? Scheuen der Herr und die Apostel je offene Worte aus Angst vor möglichen unliebsamen Folgen? –

Die Tragweite des Geschehens ist eine ganz andere. Dem Wirken des Bösen, das am Ende zu einem gewaltigen, weltumspannenden Kampf zwischen Licht und Finsternis eskalieren wird, kann doch nicht irgendein irdisches Reich oder eine irdische Herrschergestalt gegenübergestellt werden. Es sind dies ganz einfach einander nicht adäquate Grössen. Daher muss mit dem Aufhaltenden ebenfalls etwas Geistliches gemeint sein, das von weltumspannender Bedeutung ist. Und dafür kommt nichts anderes in Frage als die weltweite Gemeinde der Erlösten und der in ihr wohnende Heilige Geist, der seit Pfingsten über alles Fleisch ausgegossen ist.

Die «geheimnisvolle» Sprache des Paulus ist dem Gegenstand angemessen, der «geheimnisvoll» ist. Nicht nur hier spricht die Bibel so, dass blosse Denkschärfe nicht weiterkommt. Gottes Wort ist nicht Menschenwort; es zu verstehen, bedarf es nicht akademischer Bildung, sondern des Geistes Gottes, der Glauben und Einfalt honoriert (1. Korinther 2,9–14). In der Bibel spricht Gott so, dass «die Weisen und Verständigen» sich an den Dingen stossen, die Gott «den Unmündigen geoffenbart» hat (Matthäus 11,25).

93. Redeverbot für Frauen?

Wie ist das zu verstehen: In 1. Korinther 14,34 sollen die Frauen in der Gemeinde schweigen, denn es wird ihnen nicht erlaubt zu reden, sondern sie sollen sich unterordnen, wie auch das Gesetz sagt. Ist damit nur das Mitreden oder Dazwischenfragen gemeint? Denn in 1. Korinther 11,5 lese ich, dass wir bedeckt beten und weissagen dürfen.

Ihre Frage ist von grösserer Wichtigkeit, als dies vordergründig erscheint.

Unsere Zeit ist ja geprägt von einem Autoritätszerfall. Dies geht immer Hand in Hand mit einem Abbröckeln biblischer Werte und Normen. Die Auswirkungen sind mit Händen zu greifen: Eine schamlose Gesellschaft wird auch zu einer mordenden Gesellschaft. Je mehr wir von Gottes Wort abdriften, um so mehr schaden wir uns und anderen; das heisst, wir verursachen Leid, Not, Blut und Tränen.

Gerade Ihre Fragen haben Hunderttausende schon längst ad acta gelegt und die Bibel der Frauenfeindlichkeit und deshalb als unmöglich bezichtigt. Dabei ist in Wirklichkeit das Gegenteil der Fall. In der Gemeinde Jesu sind Unterschiede, die im Alten Testament Bedeutung hatten und bis in die Gegenwart hinein immer wieder Anlass zu Streitigkeiten geben, aufgehoben (vergleichen Sie Galater 3,28; 1. Korinther 12,14–27 und 1. Petrus 3,7).

In der Gemeinde Jesu gibt es keine Rassendiskriminierung und Ausländerfeindlichkeit. Die Bibel sagt, dass jüdische Abstammung (Abrahams Nachkommen) und heidnische Abstammung (nicht-jüdische) völlig belanglos sind (Epheser 2,11–13). In der Gemeinde sind auch die sozialen Unterschiede aufgehoben. Ein freier Bürger gilt vor Gott kein Jota mehr als ein Sklave. Für beide wurde der genau gleich hohe Preis für ihre Erlösung bezahlt. Ein freier Bürger, der an Jesus Christus glaubte, sollte und durfte seinen Sklaven mit Anstand und Würde behandeln (Onesimus). Ein gläubiger Sklave, der die Möglichkeit hatte, frei zu werden, sollte davon Gebrauch machen (1. Korinther 7,17–24; Kolosser 3,22–25).

Überdies gibt es im Bezug auf die Erlösung keinen Unterschied zwischen den Geschlechtern. Mann und Frau sind gleichwertig. Die geistliche Gleichstellung zwischen Mann und Frau bedeutet nun keinesfalls, dass alle Unterschiede aufgehoben wären. Die grundlegenden körperlichen Unterschiede zwischen einem Mann und einer Frau bleiben bestehen. Die beiden sind aber auch auf emotionalem, psychischem und physischem Gebiet verschieden. Frauen suchen in der Regel in einer Beziehung Geborgenheit, sie haben ein tiefergehendes Interesse am ganzen Menschen und suchen deshalb nicht nur auf der körperlichen Ebene Übereinstimmung, sondern auch auf der seelisch-geistlichen. Der Mann dagegen sieht zuerst nur das Äussere.

Die biologischen Unterschiede sind gravierend. Ich erwähne hier nur verschiedene Chromosomen-Kombinationen, Unterschiede im Knochenbau und bei den inneren Organen; Frauen haben einige wichtige Körperfunktionen, die die Männer nicht besitzen: Menstruation, Schwangerschaft, Stillen. Frauen haben andere und mehr Hormone als Männer. Diese Hormone beeinflussen das Verhalten und die Gefühle, was eigentlich kein vernünftiger Mensch bestreitet. Die Schilddrüse funktioniert unterschiedlich; sie ist bei Frauen grösser und aktiver (bei der Schwangerschaft und Menstruation vergrössert sie sich). Diese Tatsache ist übrigens verantwortlich für die grössere Neigung zur Kropfbildung bei Frauen. Ihre Widerstandsfähigkeit gegen Erkältungen, die glatte Haut und die geringe Körperbehaarung sind ebenfalls Merkmale. Das Blut der Frau enthält mehr Wasser als das des Mannes und hat 20% weniger rote Blutkörperchen (Körperzellen mit Sauerstoff). Die Körperkraft der Männer ist etwa um 50% höher als die der Frauen.

Die Gleichwertigkeit von Mann und Frau in der Gemeinde steht nicht im Widerspruch zu unterschiedlichen Aufgabenbereichen und der Tatsache, dass sich die Frau ihrem Mann in der Ehe unterordnen soll. Dies hat nun wirklich nichts mit minderwertig zu tun oder mit der Diskriminierung der Frau. In der neutestamentlichen Gemeinde soll die Frau nie eine Stellung einnehmen, in der sie sich über Männer erhebt. Eine Frau soll in der Gemeinde keine allgemeine Lehrtätigkeit ausüben. Dies würde sie über ihren Mann stellen. Eine Frau soll jedoch Kinder und Frauen lehren (1. Timotheus 2,12; Titus 2,4; 2. Timotheus 1,5; 3,15). Eine Frau kann also nie das Ältestenamt in einer Gemeinde einnehmen. Aufgaben der Ältesten sind zu lehren und über der Lehre zu wachen (Apostelgeschichte 20,28–31; 1. Thessalonicher 5,12–13; 1. Petrus 5,1–4) und zudem zu regieren und zu verwalten (1. Thessalonicher 5,12–13 und 1. Timotheus 3,4–5).

Nun steht in 1. Korinther 11,5+6, dass eine Frau beim Beten oder Weissagen eine Kopfbedeckung tragen soll. Dies war damals Ausdruck dafür, dass eine Frau, die in der Gemeinde durch Gebet oder Weissagung eigentlich die Leitung übernahm, die schöpfungsmässige Ordnung durch ihre Gesinnung voll bejahte. In 1. Korinther 14,3 wird deutlich gesagt, was unter Weissagen zu verstehen ist: «Wer aber weissagt, der redet zur Erbauung, zur Ermahnung und zum Trost.» Eine Frau, die diese Gesinnung missachtete, verunehrte ihr Haupt (ihren Ehemann) und damit letztlich Christus.

Nun zur Beantwortung Ihrer Frage. Eine Frau soll und darf in der Gemeinde beten und aus Eingebung reden, wenn sie die von Gott gegebene schöpfungsmässige Ordnung einhält und die richtige Gesinnung einnimmt. Wir müssen die Bibel immer mit der Bibel auslegen! Es steht hier ausdrücklich, dass das Reden unmittelbar mit *sich unterordnen* zusammenhängt. Eine Frau darf in der Gemeinde nicht reden, wenn sie sich nicht unterordnet. Es handelt sich also hier nicht um ein generelles Schweigegebot der Frauen in der Gemeinde. Dies stünde auch im Widerspruch zu anderen Stellen in der Bibel.

Die Unterstreichung dieses Textes mit der Formulierung «wie auch das Gesetz sagt», ist aus meiner Sicht schwierig und problematisch. Ich kenne im Alten Testament keine Stelle, die der Frau das Reden verbietet. Allerdings sehen wir, dass es im AT keine Priesterinnen und Levitinnen gab. Priester und Leviten waren ja zu ihrer Zeit Lehrer. «Wie auch das Gesetz sagt», bezieht sich also offensichtlich auf die Unterordnung der Frau.

Die Zusammenkunft sollte nicht durch Dazwischenreden der Frauen oder gar durch ein persönliches Gespräch unterbrochen oder gestört werden. Die Bibel spricht auch hier (1. Korinther 14,34–35) kein Redeverbot für die Frauen aus. Die Bibel ist nicht frauenfeindlich. Sie gibt Mann und Frau erst die wirkliche Würde.

(bs)

94. Kopfbedeckung?

Sollten Frauen im Gottesdienst den Kopf bedecken (kaum eine tut's)?

1. Korinther 11,2–16: «Ich erkenne es lobend an, dass ihr in allen Beziehungen meiner eingedenk seid und an den Weisungen festhaltet, wie ich sie euch gegeben habe. Ich möchte euch aber zu bedenken geben, dass das Haupt jedes Mannes Christus ist, das Haupt der Frau aber der Mann, und das Haupt Christi ist Gott. Jeder Mann, der beim Beten oder bei erbaulichen Reden eine Kopfbedeckung trägt, entehrt sein Haupt; jede Frau dagegen, die mit unverhülltem Haupt betet oder erbauliche Reden hält, entehrt ihr Haupt; sie steht dann ja auf völlig gleicher Stufe mit einer geschorenen (Dirne). Denn wenn eine Frau sich nicht verschleiert, so mag sie sich auch scheren lassen; ist es aber für eine Frau schimpflich, sich das Haar abschneiden oder abscheren zu lassen, so soll sie sich verschleiern. Der Mann dagegen darf das Haupt nicht verhüllt haben, weil er Gottes Ebenbild und Abglanz ist; die Frau aber ist der Abglanz des Mannes. Der Mann stammt ja nicht von der Frau, sondern die Frau vom Mann; auch ist der Mann ja nicht um der Frau willen geschaffen, sondern die Frau um des Mannes willen. Deshalb muss die Frau ein Zeichen der Macht auf dem Haupte tragen um der Engel willen» (Menge-Übersetzung).

Ich will in Gottes Wort nichts relativieren und genausowenig das für zeitbedingt schubladisieren, was mir nicht passt und was die meisten sowieso nicht befolgen. Auch hier gilt wiederum die Tatsache, dass wir die Bibel mit der Bibel auslegen müssen und einen Text nicht aus dem Zusammenhang lösen dürfen, noch aus einem Text nur das, was uns passt oder angenehm ist, berücksichtigen und über das andere einfach stillschweigend hinweggehen. In diesem Textabschnitt, der in der Geschichte zu erbitterten Auseinandersetzungen geführt hat, müssen wir zwischen der schöpfungsmässigen Ordnung und der kulturellen Lebensweise aufgrund dieser schöpfungsmässigen Ordnung differenzieren. Die schöpfungsmässige Ordnung ist und bleibt bestehen und ist keiner zeitlichen Einschränkung unterworfen, währenddem ihre kulturbedingte Anwendung zeitlich und örtlich verschieden sein kann.

In 1. Korinther 11,3 wird die absolut gültige schöpfungsmässige Ordnung im Blick auf die Reihenfolge der Autorität und auch im Blick auf die Reihenfolge der Unterordnung geklärt: Gott, Christus, Mann, Frau. Als weitere schöpfungsmässige Ordnung beschreibt der Apostel Paulus die sichtbare Unterscheidung der Geschlechter. Gott hat Mann und Frau verschieden erschaffen, und der Mann soll auch als Mann und eine Frau als Frau erkennbar sein. Diese ewig gültige schöpfungsmässige Ordnung hat natürlich auf das Verhalten der Gemeinde und des einzelnen Christen ganz konkrete Auswirkungen. Wenn ein Mann damals in Korinth mit bedecktem Haupt betete oder weissagte, dann entehrte er sein Haupt (damit ist nicht sein Kopf gemeint, sondern Christus, 1. Korinther 11,4). Daraus folgt die logische Konsequenz: Wer die schöpfungsmässige Ordnung einhält, der wird in diesem kulturellen Umfeld als Mann mit unbedecktem Haupt beten oder weissagen.

Zur alttestamentlichen Kleidung – auch der Männer – gehörte jedoch die Kopfbedeckung. Man bedeckte ihn mit einem zu einem Dreieck gefalteten Tuch, das mit einer Schnur um den Kopf befestigt wurde. Die Kleidung bestand vor allem aus einem Untergewand (3. Mose 13,47). Gelegentlich wurde über dem Untergewand ein zweites, längeres Kleid getragen, das bis zu den Knöcheln reichte (1. Samuel 2,19; 24,5 usw.). Das Untergewand, oder sofern man auch ein Obergewand trug, wurde mit einem Gürtel zusammengehalten (1. Samuel 25,13). Über dem Untergewand (oder auch Obergewand, wenn beide getragen wurden) trug man den Mantel. Er diente nachts den Armen und Hirten als Bettdecke. Die Frauenkleidung war ähnlich, die Gewänder allerdings länger und weiter als die der Männer (vergl. 5. Mose 22,5). Als Kopfbedeckung diente den Frauen ein «Schleier» oder ein Kopftuch (Jeremia 2,32; Hesekiel 16,10). Auch die Priester trugen ein Unterkleid oder eine Tunika aus feinem Linnen, einen Gürtel und eine Kopfbedeckung (2. Mose 28,40+42).

Über die Kleidung des Hohenpriesters gibt uns die Bibel auch viele Anhaltspunkte. Besonders interessant ist in diesem Zusammenhang, dass der Hohepriester sich nur dann ohne Lebensgefahr dem Herrn nahen durfte, wenn er vollständig nach Gottes Vorschrift handelte und gekleidet war, das heisst nur im Sinn seines Amtes als Hohepriester und nicht als Einzelperson. Der Hohepriester trug ebenfalls eine Kopfbedeckung (Turban, vergl. 2. Mose 28,2–39). Die Kopfbedeckung war auch ein Zeichen der Ehrfurcht vor Gott. Die Bibel berichtet ja oft, dass im Zeichen grosser Trauer der Trauernde seine Kleider zerriss und das Haupt entblösste. Dem Hohenpriester war das nicht erlaubt (3. Mose 10,6). Damit will ich deutlich machen, dass im Alten Testament die Männer ihr Haupt bedeckten. Ich schreibe deshalb biblisch begründet, dass «damals in Korinth» ein Mann, der mit bedecktem Haupt betete oder weissagte, nur deshalb sein Haupt entehrte, weil dies nicht der kulturell bedingten Anweisung der schöpfungsmässigen Ordnung entsprach (bedeckt oder unbedeckt kann daher nicht schöpfungsmässige Ordnung sein).

Ausdruck dieser ewig gültigen schöpfungsmässigen Ordnung bei der Frau war im damaligen kulturellen Umfeld, dass sie mit unverhülltem Haupt beim Beten oder Weissagen ihr Haupt (wiederum nicht ihren Kopf, sondern ihren Mann, 1. Korinther 11,5) entehrte. Daraus folgt, dass eine Frau als Zeichen ihrer inneren Zustimmung zur schöpfungsmässigen Ordnung mit verhülltem Haupt beten oder weissagen sollte. Paulus begründet das dann sehr logisch und sagt, dass eine Frau, die mit unverhülltem Haupt betet oder weissagt, sich eigentlich mit einer Geschorenen identifiziere, und dass sie sich geradesogut das Haar abschneiden lassen könnte, damit wie ein Mann aussähe und zum Ausdruck brächte, dass sie die schöpfungsmässige Ordnung Gottes ignoriere. Geschnittenes Haar war in der damaligen Kultur für eine Frau ein Schandfleck (Vers 6). Kahlheit hing zusammen mit gottlosem Wandel, Gericht und Strafe Gottes (Hesekiel 7,18). Die Frau sollte nicht zum Anstoss werden, und sich deshalb verhüllen, damit ihr Mann (Haupt) nicht verunehrt würde (1. Korinther 11,6b).

In den Versen 5+6 sagt die Bibel, dass die Frau sich verhüllen soll, und in Vers 15 könnte man vordergründig den Eindruck haben, der Apostel würde die Kopfbedeckung durch die langen Haare als überflüssig erklären. Die langen Haare erfüllten nach der damals herrschenden Sitte nicht, was die Kopfbedeckung zum Ausdruck bringen sollte, sondern gehörten zum Frausein. In den Versen 5+6 wird auch das Wort «katakalupto» (verhüllen, umhüllen) gebraucht, währenddem im Vers 15 bezeichnenderweise nicht dieses Verb, sondern das Wort «peribolaion» (Umhang, Mantel, wie Hebräer 1,12) steht. Das bringt eigentlich nichts anderes zum Ausdruck, als dass die Bibel die örtliche kulturelle Tradition akzeptiert, solange dadurch biblische Prinzipien nicht verletzt werden.

Aus diesem Zusammenhang wird deutlich, dass Frauen damals ohne Kopfbedeckung keine Befreiung erlebten, sondern letztlich eine Diskriminierung. In Israel fand diese ewig gültige schöpfungsmässige Ordnung im kulturellen Umfeld eine andere Praxis. Männer bedeckten beim Beten ihr Haupt (siehe oben). Ich will hier nichts relativieren, bin aber überzeugt, dass es sich dabei um eine sogar örtlich und zeitlich begrenzte Sitte handelte. Im Orient war die Frau völlig der Gewalt des Mannes ausgeliefert, ohne Recht, und konnte beinahe wie eine Ware gehandelt und verkauft werden. Die Bibel räumt aber mit jeglicher Unterdrückung und Diskriminierung radikal auf. In Galater 3,28 steht: «Da ist nicht Jude noch Grieche, da ist nicht Sklave noch Freier, da ist nicht Mann und Frau, denn ihr alle seid einer in Christus Jesus.»

In Christus wird der Frau die wahre Würde und damit auch echte Lebensqualität und Erfüllung geschenkt. In der Gemeinde zu Korinth musste der Apostel manche Missstände aufdecken und ordnen (Streit, Unzucht, Unordnung usw.). Unter anderem kamen auch einige Frauen unverhüllt in die Gemeinde, was Anstoss erregte, weil es gegen die herrschende Sitte war. Ihnen war die durch Christus geschenkte Freiheit und Würde zu wenig, sie wollten das biblische Autoritätsprinzip durchbrechen.

Christen fügen sich der guten Sitte im jeweiligen kulturellen Umfeld (vergl. Philipper 4,8). Das Evangelium verkünden heisst nicht, dass wir andern Völkern und Gruppen unsere Kultur überstülpen sollen, sondern dass wir ihnen die Botschaft von der Liebe Gottes, vom Kreuz, bezeugen und leben. Natürlich wird dabei eine herrschende Sitte, wenn sie den Menschen versklavt, durch die Bibel korrigiert. Überdies heisst das auch nicht, dass sich Christen den Modeströmungen beugen. Die Frauen in Korinth, die unverhüllt in die Gemeinde kamen, lehnten sich mit ihrem Verhalten letztlich nicht gegen die herrschende Sitte auf, sondern gegen die schöpfungsmässige Ordnung.

Nasiräer (Gottgeweihte) durften während der Zeit ihres Gelübdes ihr Haar nie schneiden. In Richter 13,5 (und schon vor der Geburt Simsons) ordnete Gott selbst an, dass kein Schermesser auf sein Haupt kommen sollte. Simson trug ganz langes Haar. Auch Samuel wurde von Gott zum Nasiräer berufen und trug langes Haar. Kurzes Haar beim Mann ist somit nicht automatisch gleichzusetzen mit der schöpfungsmässigen Ordnung, denn Gott widerspricht sich nie. So wäre es völlig absurd, überhaupt in Erwägung zu ziehen, dass Gott Homosexuelle für besondere Aufgaben bejahe, ja sogar eine gleichgeschlechtliche Neigung voraussetze. In seinem Wort spricht er vom ewig gültigen Prinzip göttlicher Ordnung von Mann und Frau, die eins werden, und verurteilt Homosexualität als Sünde. Genausowenig sagt Gott, dass kurzes Haar beim Mann schöpfungsmässige Ordnung sei, und ordnet gleichzeitig langes Haar an für besonders berufene Männer. Gott erklärt nie das Perverse zur Norm. Es gibt auch im 20. Jahrhundert Indianerstämme, wo die Männer lange Zöpfe haben, und auch die an Jesus Christus Gläubigen langes Haar tragen, was nach ihrer Ordnung und Sitte Ehre ausdrückt. Ein christlicher «Indianer» soll sicher nicht das Haar kurz schneiden. Paulus spricht das in 1. Korinther 11 mit Bestimmtheit nicht an. Er war auch kein Kind seiner Zeit, der Scheuklappen trug. Vielmehr spricht er, vom Heiligen Geist geleitet, in die konkrete Situation der Korinther hinein, wobei er deutlich macht, dass die schöpfungsmässige Ordnung ewig gültig bleibt. Die Haarlänge ist relativ, die schöpfungsmässige Ordnung mit dem untilgbaren Unterschied zwischen den Geschlechtern und der Autoritätsreihenfolge hat ohne Wenn und Aber ewige Gültigkeit und ist in allen Kulturen verbindlicher Massstab Gottes. Die schöpfungsmässige, absolut gültige Ordnung Gottes findet in den Kulturen, herrschenden Sitten und Zeiten unterschiedlichen Ausdruck in ihren äusseren Formen (Kleider, Haare usw.).

In 5. Mose 22,5 steht: «Eine Frau soll nicht Männertracht tragen, und ein Mann soll nicht Frauenkleider anziehen; denn ein Greuel ist dem Herrn, deinem Gott, ein jeder, der solches tut.» Manche behaupten, dass hier die Bibel den Frauen verbiete, Hosen zu tragen und den Männern, Röcke zu tragen. Das steht aber nicht da. Es gibt Kulturen, in denen die Männer Röcke oder lange Gewänder tragen (z.B. Tunika, vergl. auch die Israeliten, Schotten usw.). Es gibt Kulturbereiche, in denen Mann und Frau lange Gewänder tragen. Ein Mann soll ganz Mann sein, sich als Mann kleiden und seine Frau lieben. Eine Frau soll ganz Frau sein, sich als Frau kleiden und ihrem Mann untertan sein. Doch hier muss man sofort wieder Feuer löschen, weil darüber die unsinnigsten Vorstellungen in den Köpfen herumspuken. Untertan sein heisst nicht, dass der Mann Pascha spielt und die Frau eine billige Haushälterin abgibt. Ich kenne keine Frau, die von ihrem Mann geliebt wird (so wie Christus die Gemeinde liebt und sich für sie hingegeben hat), die sich nicht gerne ihrem Mann ganz anvertraut und unterordnet.

Korinth war damals eine Weltstadt mit den extremsten sozialen Gegensätzen: Armut (viele Sklaven) und im Gegensatz dazu Reichtum und Lustbefriedigung. Die Sittenlosigkeit in Korinth war sprichwörtlich. «Korinthiazesthai» bedeutete: ein ausschweifendes Leben führen; «korinthisches Mädchen» bezeichnete eine Frau mit anstössiger Lebensführung. Bedingt durch den regen Orienthandel war die Tempelprostitution und die Prostitution im allgemeinen ein blühendes Geschäft. Die zum Glauben gekommenen Korinther hatten demnach durch die Umgebung, in der sie lebten, die Sünden ihres früheren Lebens täglich vor Augen (1. Korinther 6,9–11). Dies führte zu Nöten und Belastungen. So muss Paulus in 1. Korinther 5,1ff. bei einem schweren Fall von Unzucht deutlich eingreifen und in den Kapiteln 6–14 Fehlverhalten, falsche Wertvorstellungen und Sichten korrigieren. Aus der Geschichte wissen wir, dass griechische Frauen, die etwas auf sich gaben, langes Haar trugen und in der Öffentlichkeit ihren Kopf mit einem Tuch verhüllten! Im krassen Gegensatz dazu trugen einige Tempelprostituierte kurzgeschnittenes Haar und zeigten sich selbstverständlich auch in der Öffentlichkeit unverhüllt. Damit betrieben sie Werbung für ihr Gewerbe und zeigten mit ihrem Erscheinungsbild auch, dass sie die schöpfungsmässige Ordnung ignorierten.

Mit der Kopfbedeckung bzw. Verhüllung bezeugt eine Frau, dass sie die schöpfungsmässige Ordnung und ihre Stellung als Frau akzeptiert. Übernimmt eine Frau im Gottesdienst in einer Versammlung durch Beten oder Weissagen eine gewisse leitende Stellung, so sollte sie durch die Kopfbedeckung zum Ausdruck bringen, dass sie ihre biblische Gesinnung einnimmt und gerne bezeugt, dass der Mann das Haupt ist. In der Folge argumentiert der Apostel, dass die Frau auch um der Engel willen einen Schleier tragen soll. Engel bejahen die schöpfungsmässige Ordnung und nehmen auch den ihnen von Gott zugewiesenen Platz ein. Damit ehren sie Gott. Eine Frau, die nicht ihre von Gott geschenkte Stellung einnimmt, wird für die Engel zum Ärgernis. In 1. Korinther 4,9 und 1. Timotheus 3,16 und Matthäus 18,10 erwähnt die Bibel, dass Engel das Dichten und Trachten der Menschen auf Erden beobachteten. Eine Frau, die nicht ganz Frau sein will, ihren von Gott gegebenen Platz verlässt und die ewig gültige schöpfungsmässige Ordnung im Ausdruck ihrer Kultur ignoriert, ist für die Engel ein Affront. «Deshalb muss die Frau ein Zeichen der Macht auf dem Haupte tragen um der Engel willen» (1. Korinther 11,10).

Was wird damit ausgesagt? (Die Interpretation einiger Ausleger, dass sich die Frauen durch das Verhüllen ihres Hauptes vor sexuell lüsterner Belästigung der Engel schützen würden, können wir ganz sicher als völlig absurd abhaken!) Was ist der Sinn und die Bedeutung eines Zeichens? Ein Zeichen weist auf eine zeitliche Limitierung hin. Wäre der Schleier ein Bestandteil schöpfungsmässiger Ordnung, dann würde ihm Paulus keinen Zeichencharakter geben. Ein Zeichen dient zur Verständigung. Zum Vergleich: Ein Verkehrszeichen gibt Anweisungen, die die

Menschen unterschiedlicher Sprache verstehen können. Durch Morsezeichen kann man kommunizieren. Wenn der Empfänger einer Morsebotschaft diese Zeichen nicht versteht, sind sie nutzlos. Ein Zeichen, das nicht mehr verstanden wird, hat seine Bedeutung verloren. Paulus fordert in unserem Abschnitt die Korinther zum Urteil heraus, dass sie der Argumentation des Apostels aufgrund der damals herrschenden Sitte logisch folgen können. Die schöpfungsmässige Ordnung gilt absolut; die kulturelle Anwendung ist zeichenhaft.

Ich greife nochmals auf das zurück, was ich über Männer- und Frauenkleider ausführte. Wenn in einer Kultur die Kopfbedeckung das Frausein im biblischen Sinn nicht mehr ausdrückt, verliert die Bedeckung des Kopfes ihren Zeichen- und Zeugnischarakter. Vor einigen Jahrzehnten trugen mehrere Frauen erstmals Hosen wie Männer. Die meisten der damaligen Frauen wollten damit wahrscheinlich den Männern gleich sein. Ihre Gesinnung wäre in diesem Fall vom unbiblischen Emanzipationsgedanken getrieben gewesen. Mit der Zeit wurden Frauenhosen immer mehr üblich, und immer mehr Frauen tragen Hosen, aber nicht, weil sie sich emanzipieren wollen, sondern weil es zum Teil praktischer ist. Natürlich kommt dies teilweise einer Anpassung an die Mode gleich, was nicht unbesehen gut ist. Die damalige Verhüllung war aber als Verhüllung auch nicht grundsätzlich positiv. Für viele Frauen war (und ist es heute noch) die Verhüllung ein Zeichen ihrer Rechtlosigkeit, und die Männer pochten darauf, weil sie ihrem Pascha-Herrschertum, ihrem Egoismus und ihren Trieben so uneingeschränkt frönen konnten. Paulus spricht im 1. Korintherbrief nicht von der Verhüllung, weil er die Unterdrückung der Frau, die damals üblich war, legitimieren wollte (das Gegenteil ist der Fall!), sondern weil in der damaligen Zeit und Kultur dies das sichtbare Zeichen dafür war, dass Christen ihr Frausein bejahten. Dies entspricht biblischem Denken.

Der Mensch wird durch Glauben gerettet und nicht durch Werke (Epheser 2,8–10). Wer aber an Jesus Christus gläubig geworden ist, hat entsprechende Werke (Jakobus 2,14–26). Gott will Gehorsam, nicht Opfer. Wer Gott gehorcht, bringt aber Opfer. Es geht um die Gesinnung, nicht um die äussere Form. Eine Frau, die Gott liebt und die schöpfungsmässige Ordnung von Herzen gerne bejaht, wird im kulturellen Umfeld ihr Frausein voll bejahen, nicht zum Anstoss werden in Haar- und Kleidertracht, aber sicher nicht jeden Modegag mitmachen, sondern Gott Freude bereiten wollen. Auch hier wird diese Tatsache unterstrichen: Was Gott über Mann und Frau und die Ordnung Gottes sagt, gilt ohne Wenn und Aber; die äussere Form wird sich ändern, die Gesinnung ist entscheidend!

Ein Missionar soll die Botschaft der Bibel verkündigen. Ob er dies zu Fuss, mit dem Rad, dem Motorrad, dem Auto oder dem Flugzeug tut, ist nicht entscheidend. Wenn ein Missionar, kaum ist das erste Auto erfunden und noch entsprechend teuer, bereits damit unterwegs ist, wage ich zu behaupten, dass da in der Gesinnung etwas nicht stimmt. Wenn das Auto aber zu einem üblichen Transportmittel geworden ist, wird es auch ein Missionar brauchen. Die Botschaft wird sich aber durch das Transportmittel oder die Kultur nie ändern. Sie bleibt immer dieselbe. Missionare wie Jim Frazer, Lars Olson Skrefsrud und viele andere, die auf dem Missionsfeld den Einheimischen nicht einfach die eigene Kultur überstülpen wollten und die dortigen Sitten und Bräuche nicht gleich als teuflisch verurteilten, sondern zuerst einmal hinhörten und da anknüpften, und dann die Botschaft von der Liebe Gottes verkündigten, haben viel Eingang in die Herzen dieser Einheimischen gefunden, und manche sind zum Glauben gekommen.

Ein Missionar, der in einem Indianerstamm die Botschaft vom Kreuz verkündigt, wird doch nicht so borniert sein, dass er den gläubigen Indianern aufgrund von 1. Korinther 11 befiehlt, ihre Haare kurz zu schneiden, die die Männer dort als Zopf tragen. Er wird aber in diesem Indianerstamm die schöpfungsmässige Ordnung (Autorität, die Lehre über Mann und Frau) mit keinem Jota ändern. Wir sollen also Gesellschaftsordnungen, Sitten und Bräuche, das kulturelle Umfeld nur dort ändern, wo eindeutig gegen die Bibel verstossen wird. Ich verweise in diesem Zusammenhang auf die Aussage von Paulus in 1. Korinther 9,20: «Den Juden bin ich ein Jude geworden, auf dass ich die Juden gewinne; denen, die unter dem Gesetz sind, bin ich geworden, als wäre ich unter dem Gesetz...» usw. Eine christliche Frau wird also nichts tun, was in ihrem kulturellen Umfeld die göttliche Unterscheidung der Geschlechter missachtet.

Wenn wir nochmals an das Erscheinungsbild der Tempelprostituierten denken, wird deutlich, dass die Kopfbedeckung für die Frau damals nicht nur ein Schutz war, sondern ihr gleichzeitig auch Autorität verlieh. Eine Prostituierte gab durch ihr Erscheinungsbild ihren Schutz preis, verkaufte ihren Körper, bot ihn gleich einer Ware an und wurde zum «Freiwild», das heisst, sie stand dem zur Verfügung, der bezahlte. Das gleiche gilt für alle Frauen, die den Feminismus auf ihre Fahnen geschrieben haben. Sie werden nicht die erhoffte Erfüllung erleben, sondern Frust und Versklavung statt Freiheit und Würde. Demgegenüber unterstrich eine Frau «zu Korinth» mit langen Haaren und Kopfbedeckung nachdrücklich, dass sie sich als Frau nicht zum Lustobjekt egoistischer Triebbefriedigung degradierte, sondern in Reinheit den ihr von Gott gegebenen Platz einnimmt. Dies gibt der Frau Schutz und Würde.

Würde ich mit meiner Familie in ein streng islamisches Land ziehen, um dort zu missionieren, würde ich dort meine Töchter auch anweisen, sich zu verhüllen, weil dies für sie einen wichtigen Schutz in jener Kultur bedeuten würde.

Dass Paulus die Kopfbedeckung mit dem Hinweis auf die Natur begründet, ist für mich ein klarer Hinweis, dass er damit die ewig gültige schöpfungsmässige Ordnung in diesem kulturellen Umfeld der Korinther bestätigt. Die Natur lehrt die Korinther, dass es für einen Mann schändlich ist, wenn er langes Haar trägt, für die Frau aber eine Ehre. Was will uns Gott durch Paulus mit dem Ausdruck «Natur» vermitteln?

Das Haar der Frau wächst von Natur aus nicht länger als das des Mannes. Wenn Männer ihre Haare wachsen lassen, werden sie so lang wie bei Frauen. «Natur» kann ebensowenig die Übereinstimmung mit einem kulturellen Umfeld sein, denn auch damals empfanden nicht alle, dass langes Haar beim Mann oder die Bedeckung seines Hauptes beim Beten eine Schande sei. Mit Natur spricht die Bibel das Empfinden dafür an, was Norm Gottes oder abnormal (pervers) ist. Im Römerbrief wird uns dieses Wort näher erläutert. Eine geschlechtliche Beziehung zwischen Mann und Frau ist natürlich, eine gleichgeschlechtliche Beziehung (Homosexualität) ist ein unnatürlicher Umgang. Natur steht also im Zusammenhang mit schöpfungsmässiger Ordnung.

Paulus argumentiert im Blick auf das Gewissen identisch. In Römer 2 zeigt die Bibel mit scharfer Logik, dass bei Gott kein Ansehen der Person ist (Vers 11). Vers 12: «Alle nämlich, die ohne das Gesetz sündigten, werden auch ohne Zutun des Gesetzes verlorengehen. Und alle, die unter dem Gesetz sündigten, werden durch das Gesetz gerichtet werden; denn nicht die Hörer des Gesetzes sind gerecht vor Gott, sondern die Täter des Gesetzes werden gerechtgesprochen werden – denn wenn die Heiden, die das Gesetz nicht haben, von Natur tun, was das Gesetz enthält, so sind diese, die das Gesetz nicht haben, sich selbst ein Gesetz, da sie ja zu erkennen geben, dass das Werk des Gesetzes in ihre Herzen geschrieben ist, indem auch ihr Gewissen dies bezeugt und ihre Gedanken sich untereinander anklagen oder auch verteidigen – an dem Tage, wann Gott das Verborgene der Menschen richten wird nach meinem Evangelium durch Jesus Christus.»

Für Juden mit Gesetz und für Heiden mit hoher oder niederer Kultur bezeugt das Gewissen, dass kein Mensch so lebt, wie er eigentlich leben müsste – also alle gesündigt haben (Römer 3,23). Der Inhalt und das Prinzip des Gewissens ist bei allen Menschen gleich (schöpfungsmässige Ordnung). Es bestätigt die Diagnose Gottes: *Der Mensch ist durch seine Schuld von Gott getrennt und kann nur durch Glauben an Jesus Christus erlöst werden.* Dies ist weder zeit- noch kulturbedingt. Die Prägung des Gewissens ist aber vom kulturellen Umfeld abhängig. Die Bibel zeigt es im Blick auf das Götzenopferfleisch in 1. Korinther 8. Paulus argumentiert logisch: Im Fleisch sitzen keine Dämonen. Ein Christ kann solches Fleisch bedenkenlos essen. Nun gibt es aber solche, die in ihrem Gewissen noch anders geprägt sind und dieses Fleisch im Bezug auf Götzen sehen. Um solchen Menschen mit schwachem Gewissen (Prägung) kein Anstoss zu sein, will Paulus sogar kein Fleisch mehr essen.

Hier wird wiederum (wie bei der Kopfbedeckung) ein Prinzip deutlich: Einerseits bestätigt das ewig gültige Prinzip des Gewissens, dass alle Menschen Sünder sind und nicht ihrer Erkenntnis gemäss leben. Jeder Mensch weiss, dass es einen Gott gibt, und dass er nicht nach diesem ewig gültigen Gesetz lebt. Dieses Urteil ist vom Zeitabschnitt und der Kultur absolut unabhängig. Andererseits ist die Prägung des Gewissens von der Sitte, dem kulturellen Umfeld und der jeweiligen Zeit abhängig (siehe Götzenopferfleisch). Die Prägung des Gewissens kann aber nicht über Gut und Böse im letzten Sinn ein Urteil abgeben. Die schöpfungsmässige Ordnung, das gültige Prinzip, ist unveränderlich, die Anwendung dieser schöpfungsmässigen Ordnung im kulturellen Umfeld genügt diesem Anspruch jedoch nicht.

Ich will zusammenfassen: Unsere Kultur ist nicht allein massgebend, und wir sollen sie auch nicht anderen überstülpen. Als Christen müssen wir kulturelle Gebräuche nicht grundsätzlich ablehnen, sondern nur dann, wenn sie gegen Gottes Wort stehen. Wir meinen oft, etwas sei unaufgebbar christlich, was zur Bibel überhaupt keinen Bezug hat. Die Bibel hat den Frauen der damaligen Zeit die wahre Würde und Freiheit gebracht und sie von der Unterdrückung befreit. Die Frau soll aber ihre Grenzen nicht überschreiten. Gegen eine Aufhebung der Unterschiede zwischen den Geschlechtern wendet sich die Bibel eindeutig (1. Korinther

11,13–15). Männer sollen ganz Männer sein, sich in Kleidung, Haartracht usw. von Frauen unterscheiden, und Frauen sollen ganz Frauen sein und sich in ihrem Erscheinungsbild deutlich von Männern unterscheiden.

Gott hat den Mann zum Haupt der Ehe und Familie bestimmt. Diese schöpfungsmässige Ordnung ist verbindlich. Wenn Frauen oder Männer sie ignorieren, schaden sie sich selbst. Die Kopfbedeckung bzw. Verhüllung in der Gemeinde zu Korinth war inmitten dieser kulturellen Sitte Ausdruck der schöpfungsmässigen Ordnung. Bei uns ist dieser kulturelle Ausdruck ewig gültiger schöpfungsmässiger Ordnung nicht mehr derselbe. Wenn einige denken, die Kopfbedeckung habe auch heute noch dieselbe Bedeutung für «wirklich gläubige» Frauen, und sie das aus Gewissensgründen im Zusammenhang mit dem Gehorsam gegenüber Gottes Wort sehen (wie beim Götzenopferfleisch), soll dies nicht zum Streit führen. Doch es muss aus Glauben getan werden.

Ich bin aber überzeugt, dass es im ganzen Abschnitt um bedeutend mehr geht als um den Schleier, der den damaligen Umständen entsprach: Es geht grundsätzlich um das Bejahen der schöpfungsmässigen Ordnung.

(bs)

95. Haareschneiden verboten?

Ist es Gott wohlgefällig, wenn Frauen ihr Haar wachsen lassen? (Dünne Haare aus Gründen der Barmherzigkeit ausgenommen.)

Diese Frage wurde beim Thema «Kopfbedeckung» schon weitgehend beantwortet. Eine Frau sollte man klar von einem Mann unterscheiden können. Frauen sollen sich wie Frauen kleiden und lange Haare tragen. Die Länge der Haare aber in Zentimetern anzugeben, wäre Gesetzlichkeit. Lange Haare heisst nicht, die Haare wachsen zu lassen und nie schneiden zu dürfen.

Ein Mann soll kurze Haare tragen, eine Frau im Verhältnis zum Mann lange Haare. Wenn wir noch ein gesundes Empfinden haben, dann will ein Mann nicht weiblich sein und eine Frau nicht männlich. Dort wo der Mensch sich selbst verwirklicht und zum Massstab aller Dinge macht, dort wo der Mensch den Schöpfer ignoriert und sich selbst anbetet, der Lüge glaubt und die Wahrheit ignoriert, wird er sich immer mehr fehlbefriedigen, die Werte umdrehen. Dann entstehen sinnlose Diskussionen, ob man Gott nicht als Frau ansprechen solle, und es setzt eine Emanzipationshysterie ein.

Erfüllt, zufrieden, wesentlich leben, kann der Mensch nur, wenn er durch den Glauben an Jesus Christus Vergebung seiner Schuld hat und an der guten Hand Gottes geht und die Aufgabe erfüllt, die Gott für ihn bestimmt hat. Das heisst, dass ich als Mann mit meinem Leben Gott ehre, und dass ich als Frau ganz Frau sein will und Gott damit ehre.

(bs)

96. Kosmetik

Sollte eine Christin ungeschminkt sein (vergl. Jeremia 4,30; Hiob 42,14)?

Kosmetik heisst ja Schönheitspflege, Körperpflege. Die Bibel sagt nun nirgends, dass Schönheit Sünde sei. Dies zu meinen oder zu behaupten, wäre absurd. Wir stehen vielmehr in Gefahr, dass wir falschen Wertmassstäben huldigen, Schönheit mit der Eigenschaft «wertvoller» gleichsetzen und damit viele Menschen mutlos machen. Oft wird die Stelle in 1. Petrus 3,3+4 zitiert, um zu belegen, dass eine Frau weder Schmuck noch Haarflechten noch Make-up usw. tragen solle. Wer diese Bibelstelle aber nicht durch eine Wunschbrille liest, sondern so, wie es wirklich dasteht, der erkennt bald, dass es nicht um ein Verbot von Schmuck, Make-up, Haarflechten und Goldumhängen geht, sonst würde der Apostel Petrus den Frauen nämlich verbieten, Kleider anzuziehen. Dies wäre höchster Unsinn! Letztlich geht es auch wieder um die Gesinnung.

In Sprüche 11,22 steht: «Wie ein goldener Ring am Rüssel des Schweins, so ein schönes Weib ohne Sitte.» Darum geht es doch. Man kann eine verdrehte Herzensgesinnung nicht mit einer Fassade, mit Make-up und mit Goldketten überdecken. Deshalb soll eine Frau, die an Jesus Christus glaubt, zuerst auf ihre Gesinnung, ihre Herzenshaltung achthaben und nicht, ob sie einen teureren Brillanten trägt als die Nachbarin. Wenn eine Frau Gott wirklich Freude bereiten will, dann kann und wird sie ihre äussere Schönheit mit Takt und Anstand sehr dezent unterstreichen. – Gott sieht das Herz an. Dies nicht nur bei Frauen, sondern auch bei Männern.

(bs)

97. Wer waren die anderen Menschen?

Vor wem musste Kain eigentlich fliehen? Wer hätte ihn denn finden und totschlagen können? Gab es zu jener Zeit doch noch andere Menschen auf der Erde? Wer waren sie, und wo kamen sie her? Und woher wussten sie von Kains Vergehen, so dass er das Erkennungszeichen von Gott bekam? Was für ein Mal war das?

1. Mose 4,12–14: «Wenn du das Land bebaust, soll es dir fortan sein Vermögen nicht mehr geben; unstet und flüchtig sollst du sein auf Erden! Kain sprach zum Herrn: Meine Schuld ist zu gross zum Tragen! Siehe, du treibst mich heute aus dem Lande, und ich muss mich vor deinem Angesicht verbergen und unstet und flüchtig sein auf Erden. Und es wird geschehen, dass mich totschlägt, wer mich findet. Da sprach der Herr: Fürwahr, wer Kain totschlägt, zieht sich siebenfache Rache zu! Und der Herr gab dem Kain ein Zeichen, dass ihn niemand erschlüge, der ihn fände.»

Ihre Frage ist gar nicht so kompliziert. In 1. Mose 5,1–5 berichtet die Bibel darüber, dass Adam und Eva in ihren über 900 Lebensjahren viele Söhne und Töchter gezeugt hatten. Natürlich heirateten dann Geschwister untereinander, wobei durch die sehr lange Lebensdauer der einzelnen Menschen die Bevölkerung äusserst schnell wuchs, so dass Geschwisterehen schon sehr bald nicht mehr notwendig waren, sondern Gott sie auch ausdrücklich verbot (vergl. 3. Mose 28,6–17). Kain hatte also ganz offensichtlich eine Schwester geheiratet, und er musste auch vor seinen Geschwistern fliehen. Dass sie von Kains Vergehen Kenntnis hatten, ist sicher keine Spekulation. Ich kann Ihnen aber auch nicht sagen, was das für ein Erkennungszeichen war, mit dem Gott ihn schützte. Ich finde in der Bibel keine Erklärung dafür.

(bs)

98. Vorherbestimmung?

Warum musste ein Mensch (Judas) schuldig werden, damit Jesus seinen von Gott vorherbestimmten Weg zu Ende ging?

Sie sprechen hier die Frage der Vorherbestimmung an. Wenn Judas so handeln musste, weil Gott es vorherbestimmt hatte, dann wäre er für sein Tun und Handeln nicht verantwortlich gewesen.

Der Mensch hat aber einen freien Willen. Das lehrt uns Gottes Wort (z.B. Lukas 7,30, Matthäus 23,37ff, Johannes 5,39+40). In 5. Mose 30,19–20 stellt Gott uns mit ganzem Ernst und eindringlich vor die Entscheidung, das Leben oder den Tod, den Segen oder den Fluch zu wählen. Wenn Menschen nicht wollen, wird es ihnen doch nur dann zur sittlichen Schuld angerechnet, wenn sie zum Wollen überhaupt nicht fähig sind. Das bedingt die Entscheidungsfreiheit des Menschen. Gott fordert uns immer wieder auf, uns bewusst, mit ganzem Herzen, mit unserem Willen und Verstand, für ihn zu entscheiden. Er, der von sich sagt, dass er gerecht ist, könnte nicht an unseren Willen appellieren, wenn wir nicht fähig wären, eine Wahl zu treffen.

Gehen wir einen Schritt weiter: Gott ist allwissend. Für ihn gibt es weder Vergangenheit, Gegenwart noch Zukunft. Er sieht alles, er weiss alles. Demzufolge weiss er auch, wie ich heute entscheide, welchen Weg ich morgen und übermorgen gehen werde. Weil Gott alles weiss, ist es auch vorherbestimmt. Die Folgerung aber, dass Handlungen und Entscheidungen programmiert seien und der Mensch dafür nicht verantwortlich gemacht werden könne, da er keine Entscheidungsfreiheit habe, ist nicht richtig. Das Wort «vorherbestimmen» kommt im Neuen Testament an sechs Stellen vor (griechisch pro-orizo), und zwar in Apostelgeschichte 4,28, Römer 8,29+30, 1. Korinther 2,7 und Epheser 1,5+11. Das Wort «Vorsatz» (progesis) auf menschlichen Vorsatz bezogen, in Apostelgeschichte 11,23, 27,13 und in 2. Timotheus 3,10. Auf göttlichen Vorsatz bezogen in Römer 8,29, 9,11, Epheser 1,11, 3,11 und 2. Timotheus 1,9.

Das Wort «vorherbestimmen» meint «vorherwissen», im Sinne von Prognose. In 1. Petrus 1,2 oder in Römer 8,29 kann man genauso übersetzen: «nach der Vorkenntnis, nach der Prognose Gottes». Es gibt z.B. Wetterprognosen. Diese Prognosen treffen manchmal zu – oft zu 70, 80, 90 oder auch zu 30 oder 10%. Die Prognose Gottes aber trifft in jedem

Fall 100%ig zu, weil Gott die absolute Vorkenntnis hat, das Vorherwissen. Meteorologen irren, weil sie nicht alles wissen. Gott irrt in seiner Prognose nie, weil er alles weiss.

Wir handeln nicht böse, weil Gott es weiss und wir deshalb böse sein müssten. Wir handeln böse, weil wir nicht das tun wollen, was Gott sagt. Je mehr und je länger wir uns Gottes Willen widersetzen und das Reden unseres Gewissens betäuben, um so mehr wird jedoch unser Entscheidungsspielraum eingeengt. Schreiten wir auf diesem Weg weiter, wird unser Herz immer «härter», das führt letztlich zur Verstockung. In diesem Zustand verlieren wir unsere Entscheidungsfreiheit. Verstockung überfällt den Menschen jedoch nicht zufällig und über Nacht. Sie ist die Folge wissentlicher und anhaltender Auflehnung gegen Gott.

(bs)

99. Segnet Gott Betrug?

Meine Freundin, die erst kürzlich zum Glauben kam und die Bibel eifrig studiert, stiess auf die Stelle in 1. Mose 27,8–28 und bat um eine Erklärung, wie es möglich sei, dass Gott Lug und Betrug segnen könne. Er sei doch ein gerechter Gott.

Natürlich segnet Gott Lug und Betrug nicht. Wir müssen diesen Bericht im Zusammenhang sehen. In 1. Mose 25,29–34 liegt die Antwort zu dieser Frage. Dort schildert die Bibel, dass Esau sein Erstgeburtsrecht gegen ein Linsengericht preisgab. Esau denkt und handelt so wie viele Menschen. Er ist hungrig, und jetzt ist ihm völlig egal, um welchen Preis er sein Bedürfnis stillen kann. So begründet er auch bezeichnenderweise: «Siehe, ich muss ja doch sterben; was soll mir da die Erstgeburt?» Ein Linsengericht kann ich essen, Verheissungen lösen meine Magenfrage nicht. Esau schwört in der Folge auch noch, dass er wirklich Jakob sein Erstgeburtsrecht übertragen habe. Die Bibel sagt dann ausdrücklich: «So achtete Esau die Erstgeburt gering.» Er hatte ganz offensichtlich kein Interesse an Gott. Ihm war gleichgültig, was Gott wichtig war, was Gott wollte, was er sagte. Esau lebte nach dem Lustprinzip. Wer nach dem Lustprinzip lebt, der sieht nur sich selbst. Wer nur sich selbst sieht, wird alles daran setzen, um das zu bekommen, was er meint haben zu müssen. Auf diesem Weg wird der Mensch aber immer ärmer, Unzufriedenheit, Neid, Eifersucht und Undankbarkeit bestimmen sein Leben.

Gott hat also Lug und Betrug nicht gesegnet. Jakob war das Erstgeburtsrecht wichtig. Er sehnte sich nach dem Segen Gottes. Er hatte eine andere Gesinnung. Nicht in Ordnung war, dass der Vater darüber nicht informiert wurde und Jakob auf diese Weise seinen Vater betrogen hat. Wir sehen hier auch die notvolle Situation, wenn Vater und Mutter Lieblingskinder haben (1. Mose 25,28). Rebekka stiftete dann ja ihr Lieblingskind Jakob geradezu zum Betrug an. Jakob musste aber nachher eine wichtige Lektion lernen. Als Folge seiner Hinterlist musste er fliehen, kam in ein fremdes Land, wurde dort selbst betrogen, und lernte in der Schule Gottes, dass man sich nicht mit Lug und Betrug das nehmen soll, was einem nur Gott geben kann.

(bs)

100. Liebe Gottes?

In der Jungschar erzählen wir oft von der Liebe Gottes zu uns und vor allem zu den Kindern. Letzthin fiel uns Leitern ein Text auf in 2. Könige 23–24. Wie sollen wir diese Verse verstehen, und was könnte man einem Jungschärler zur Antwort geben, wenn er nach dem Sinn dieser Worte fragt? Auch scheint mir die geschilderte Begebenheit nicht in den Zusammenhang zu passen.

Sie können diese Stelle nicht mit der Liebe Gottes in Einklang bringen und dem Text offenbar auch keinen Sinn abgewinnen. Da kann ich Ihnen selbstverständlich nicht zustimmen.

In 1. Korinther 10,6 steht: «Diese Dinge aber sind als Vorbilder für uns geschrieben, damit wir uns nicht nach Bösem gelüsten lassen, wie jene gelüstet hat...» Paulus nimmt da Bezug auf das Volk Israel und zeigt, dass wir aufgrund der Geschichte dieses Volkes unsere Lektion lernen sollen. Ich kann es auf einen einfachen Nenner bringen:

Wenn Israel Gott gehorchte, erlebte es Segen. Wenn Israel vom Wort Gottes abfiel, dann führte das *immer* (vergl. 1. Korinther 10) dazu, dass sie nach Bösem gelüsteten, Götzendiener wurden, Unzucht trieben, sich gegen Gott auflehnten und murrten.

Sie können doch den Jungschärlern damit eine wunderbare biblische Wahrheit weitergeben. Gott liebt uns. Er hasst aber die Sünde. Das Leben dieser Könige und des Volkes gibt uns ja so viel Anschauungsmaterial und praktische Hinweise. Wir stossen hier auch auf die Tatsache der Kollektivschuld. Das verstehen aber die Kinder schon, wenn wir es ihnen richtig erklären. Im Buch «Machtloser Allmächtiger» gehe ich gründlicher auf diese Fragen ein. Hier nur soviel: Wenn in einer Klasse ein Schüler stiehlt, wird die ganze Klasse in Mitleidenschaft gezogen. Solange der Dieb sich nicht meldet oder nicht erkannt wird, lastet die Verdächtigung auf allen. Vielleicht müssen alle Schüler länger dableiben usw.

Wenn ein Volk immer mehr von Gottes Wort abdriftet, dann wird auch die Regierung entsprechend handeln. Eine gottlose Regierung bringt Leid über das Volk. Da sind natürlich immer auch einige dabei, die das nicht möchten. Genau das wird in diesen zwei Kapiteln gezeigt. Gott gehorchen, macht frei; Gott und sein Wort ignorieren, bringt Leid, Elend, Krieg, Blut und Tränen.

(bs)

Buchhinweis:

Bestell-Nr. 170

Bruno Schwengeler
Machtloser Allmächtiger
gebunden, 164 Seiten

«Es kann gar keinen Gott geben», folgern mache Zeitgenossen angesicht des Leids auf dieser Welt. Der Autor zertrümmert folgerichtig diesen Trugschluss und führt den Leser zu den eigentlichen Wurzeln von Schmerz und Leid.

Eindrücklich zeigt er unter anderem auf, welche Folgen die zunehmende Gottlosigkeit hinsichtlich des Leids in dieser Welt hat.

Schliesslich kommen aber auch von Not und Leid betroffene Menschen zu Wort, die dem Leser klare Antworten auf den Umgang mit dem Leid geben und neue Hoffnung vermitteln.

Bitte fragen Sie in Ihrer Buchhandlung nach diesem Buch!
Oder schreiben Sie an den Schwengeler-Verlag • am Rosenberg • CH-9442 Berneck

Bibelstelle	Seite	Bibelstelle	Seite
1. Mose 1,1+8	140	Jes. 45,7	149
1. Mose 1,3–5	145	Jes. 50,2	23
1. Mose 1,6–8	19	Jes. 53,11+12	27
1. Mose 1,14–18	19,145	Jes. 65,20	136
1. Mose 1,24+25	56	Jer. 4,30	169
1. Mose 4,12–14	170	Jer. 47,4	117
1. Mose 5,1–32	85	Ez. 16,53	130,143
1. Mose 11,10–32	85	Dan. 7,2–6	87
1. Mose 12,10–20	11	Dan. 7,7–11	87
1. Mose 12,17	30	Dan. 11,36–38	87,89
1. Mose 14,18–20	57	Dan. 12,2	70
1. Mose 17,1	64	Am. 3,6	149
1. Mose 25,29–34	173	Jon. 2,1	45
1. Mose 27,8–28	173	Jon. 4,11	34
1. Mose 31,35	30	Mal. 1,2+3	112
2. Mose 12,15	107	Matth. 4,18	43
2. Mose 13,16	121	Matth. 7,1–5	135
2. Mose 20,4+5	41	Matth. 7,13+14	135
3. Mose 3,2+3+8+13	72	Matth. 7,21	67
3. Mose 4,4+15+24+29	72	Matth. 7,22	135
3. Mose 10,1+2	123	Matth. 10,2–4	109
3. Mose 19,18	119	Matth. 11,20–24	129
4. Mose 22,20+22	110	Matth. 12,46	36
5. Mose 6,4–8	121	Matth. 13,1–15	103
5. Mose 17,16	34	Matth. 13,33	106
5. Mose 30,19–20	171	Matth. 13,55+56	37
5. Mose 32,35	141	Matth. 14,33	83
Jos. 11,6–9	34	Matth. 19,17	99
Rcht. 19,1–30	78	Matth. 20,16	9,21
1. Sam. 16,10	77	Matth. 22,14	9,21
1. Sam. 19,15	30	Matth. 23,37ff.	171
2. Sam. 6,6+7	125	Matth. 24,12	15
2. Sam. 8,4	34	Matth. 24,20	82
2. Sam. 12,8	52	Matth. 25,1–13	138
2. Sam. 24,1	54	Matth. 25,35–40	67
2. Kön. 22,20	74	Matth. 27,5	81
2. Kön. 23,29+30	74	Matth. 28,8	98
2. Kön. 23–24	174	Mark. 1,2+3	108
1. Chr. 2,13–15	77	Mark. 3,16–19	109
1. Chr. 21,1	54	Mark. 4,11+12	103
Hi 42,14	169	Mark. 6,5	72
Ps. 36,7	34	Mark. 10,28	70
Ps. 68,19	80	Mark. 16,8	98
Ps. 145,15+16	151	Mark. 16,17–20	49,148
Spr. 12,10	34	Luk. 1,31	133
Jes. 42,2	23	Luk. 6,14–16	109
Jes. 42,7	143	Luk. 7,30	171

Bibelstelle	Seite	Bibelstelle	Seite
Luk. 8,10	103	1. Kor. 8,11	69
Luk. 10,33	119	1. Kor. 10,6	174
Luk. 17,21	61	1. Kor. 11,2–16	157
Luk. 18,18–27	67	1. Kor. 11,5	154
Luk. 19,11–26	84	1. Kor. 11,17	40
Luk. 23,50	99	1. Kor. 12,9	94
Joh. 1,12	146	1. Kor. 12,13	148
Joh. 1,40	43	1. Kor. 14,5+12	49
Joh. 2,24+25	18	1. Kor. 14,34	154
Joh. 3,3ff.	67	1. Kor. 15,22	132
Joh. 3,12	29	1. Kor. 15,35–45	70
Joh. 3,16	112, 146	Gal. 5,9	107
Joh. 3,18	17	Eph. 1,7	10
Joh. 3,22	76	Eph. 4,8	80
Joh. 4,1+2	76	Phil. 2,9+10	133
Joh. 5,22	66	Phil. 3,21	70
Joh. 5,28+29	70	Kol. 1,15	96
Joh. 5,39+40	171	Kol. 1,20	29, 126
Joh. 8,56–58	102	2. Thess. 2,6+7	152
Joh. 12,47	66	1. Tim. 2,4	24, 103
Joh. 13,1	113	1. Tim. 5,22	72
Joh. 16,27	113	2. Tim. 1,14	94
Joh. 17,11	133	2. Tim. 3,2+4	15
Apg. 1,13	109	2. Tim. 4,7	94
Apg. 1,18	81	Hebr. 6,20	57
Apg. 2,1–4	148	Hebr. 7,1–4	57
Apg. 7,58–60	75	Hebr. 12,14	32
Apg. 8,14–18	146	Jak. 1,13+14	54, 149
Apg. 10,44–46	148	Jak. 5,20	13
Apg. 13,2+3	72	1. Petr. 1,18+19	10
Apg. 13,48	101	1. Petr. 3,19	143
Apg. 28,8	72	1. Joh. 3,2	32
Röm. 1,19+20	24	1. Joh. 5,12	146
Röm. 3,19	24	2. Joh. 10+11	114
Röm. 3,23	24	Jud. 4	94
Röm. 3,24+25	10	Jud. 14	71
Röm. 5,13+14	56	Off. 1,5	10, 59
Röm. 8,9	146	Off. 3,10	62
Röm. 8,20–24	10	Off. 7,2	47
Röm. 11,25+26	128	Off. 13,2+4	87
Röm. 11,29	17	Off. 17,14	9
Röm. 12,19	141	Off. 20,2+3	136
Röm. 16,7	91	Off. 20,11ff.	70
1. Kor. 1,2	83	Off. 21,4	10
1. Kor. 1,4+5	49	Off. 22,1+2	131
1. Kor. 3,15	32	Off. 22,11–15	93
1. Kor. 5,7	107		

Kennen Sie die Zeitschrift, die...

Jahresabonnement:

Fr. 55.20 (+Porto Fr. 3.80)
DM 58.20 (+Porto DM 12.30)
öS 450.– (+Porto öS 86.–)

Verlangen Sie ein kostenloses Probeexemplar oder bestellen Sie ein Abonnement dieser wertvollen Zeitschrift bei:

«ethos», Postfach
CH-9442 Berneck

«ethos», Postfach 108
A-6890 Lustenau

ethos-Versand
Postfach 3207
D-88114 Lindau

- ... über Familie und Kindererziehung schreibt,
- farbig über fremde Länder und Menschen berichtet,
- zur Aids- und Drogenpolitik eine Meinung hat,
- die Frage nach Gott und dem Sinn des Lebens nicht ausklammert,
- interessante Leute interviewt,
- Kindern Bastelvorschläge macht,
- Teenagern unter die Arme greift,
- das Zeitgeschehen kritisch kommentiert,
- für die Grundwerte des Lebens eintritt,
- 12mal im Jahr erscheint,
- die Tier- und Pflanzenwelt nicht als Zufall abstempelt,
- Fragen zur Bibel beantwortet,
- ein Poster zum Herausnehmen enthält,
- Lebensberichte sprechen lässt,
- die Bibel als Massstab anerkennt und von Tausenden von Leserinnen und Lesern in der Schweiz, in Deutschland und in Österreich geschätzt wird?

«ethos» – die christliche Zeitschrift für die ganze Familie.

Wissenschaft im Vergleich mit christlichem Vertrauen:

«factum» erscheint 9mal jährlich
**mit Fakten und Analysen
zum Verständnis unserer Zeit.**

Bestellen Sie ein Abonnement
Fr. 35.50 (+Porto Fr. 2.–), DM 42.80 (+Porto DM 6.–),
öS 330.– (+Porto öS 40.–)
oder verlangen Sie eine kostenlose Probenummer bei:

«factum», Postfach, **CH-9442 Berneck**
«factum», Postfach 108, **A-6890 Lustenau**
«factum», Postfach 3207, **D-88114 Lindau**

Bestell-Nr. 361
Benedikt Peters/
Bruno Schwengeler
**100 Fragen zur Bibel –
Band 1**
geb., 240 Seiten, Fr. 18.–,
DM 21.–, öS 149.–

Bestell-Nr. 362
Benedikt Peters
**100 Fragen zur Bibel –
Band 2**
geb., 200 Seiten, Fr. 18.–,
DM 21.–, öS 149.–

Diese Bücher werden Ihnen helfen, auf viele Einwände und scheinbare Widersprüche einzugehen, die in Diskussionen an Sie herangetragen werden.

Es werden Fragen behandelt wie:

«War Paulus ein Frauenfeind?»
«Die Sünde wider den Heiligen Geist»
«Rachelüsterne Aussagen im Wort Gottes?»
«Verwendet Gott Notlügen?»
«Zwei Geschlechtsregister Jesu?»
«Wer ist der Cherub?»
«Sabbat – heute?»
«Schwören»
usw.